FLORA

TASAVVUF

W0334001

SABIR
© FLORA KİTAP, 2018
Yayınevi Sertifika No: 41021
ISBN: 978-605-81331-2-9

Birinci Basım: Kasım, 2018
Altıncı Basım: Mayıs, 2019

Bu eserin her türlü hakkı Flora Kitap'a ait olup Fikir ve Sanat Eserleri Yasası gereği, tanıtım maksatlı yapılacak ve kaynak belirtilecek kısa alıntılar haricinde hiçbir yerde paylaşılamaz, yazılı izin alınmaksızın hiçbir şekilde çoğaltılamaz.

Yazar: Sadettin Tuncay
Yayın Yönetmeni: Ezgi Durmuş
Koordinatör: Okan Gürvardar
Kapak & Mizanpaj: Priz Ajans

YAYINEVİ
Flora Kitap
Kuzguncuk Mah. Bereketli Sok. Dilşat Apt.
No: 10 D: 3 Üsküdar - İSTANBUL
İletişim: info@florakitap.com
Telefon: 0216 553 12 74

BASIMEVİ
MY Matbaa
Maltepe Mah. Yılanlı Ayazma Sok.
No: 8/F Zeytinburnu – İSTANBUL
Sertifika No: 34191
Telefon: 0212 674 85 28

sabır

her nasip vaktine esirdir

و

ÖNSÖZ

Nimetlerin en güzeli olan İslam nimetiyle nimetlendiren, iman şerefiyle şereflendiren, Kendisinin en sevgili kulu olan Hz. Muhammed'e (sallallahu aleyhi ve sellem) ümmet eyleyen, lütfunu ve ihsanını her anda üzerimizde daim eyleyen Rabbimize sonsuz hamdü senalar olsun. Şüphesiz her şeyden önemli ve öncelikli vazifemiz Allah'ın rızasını kazanmak için çalışmaktır.

Vazifemizi yerine getirebilmek için insanlara Allah'ın varlığını ve birliğini anlatmakla yükümlüyüz. O hâlde iletişime en muhtaç toplum İslam toplumudur. İletişim kanallarını en iyi şekilde kullanabilmeli, ona olan bakış açımızı değiştirmeli ve iletişim için yapılan masrafları önemsememiz gerekiyor. Sürekli gelişen günümüz teknolojisinde sosyal medya etkili bir iletişim kanalı olmuştur. Bu alanı faydalı şekilde kullanabilmek için çaba sarf etmeli, aynı zamanda alternatif kanallar üretmemiz gerekiyor.

İlk kitabım olan Sabır'ı, irşat ve tebliğ için kurduğum sosyal medya hesaplarından ilham alarak yazdım. Gündelik hayattan bilgilerle karşılacağınız için kendinizden önemli bir parça bulacağınızı ve türlü imtihanlarla dolu dünya yolculuğunda samimi bir yol arkadaşı olmasını ümit ediyorum. Sabır kitabı, karanlıklarla karşılaşacak olan okuyucusuna ışık olur, nefes aldırır, umut aşılar ve Rabbini hatırlatır.

و

Önsözü burada noktalarken maddi ve manevi üzerimde büyük emeği olan başta anneannem, annem ve teyzem olmak üzere bütün aileme, desteğini hiçbir zaman esirgemeyen sevgili eşime, fikirlerinden yararlandığım kayınpederim Bilal TEZCAN ve ailesine, "Dost seçme sanatı" yazısıyla katkıda bulunan Eftal ORHAN Hocama ve kendime rol modeli olarak gördüğüm ağabeyim Turgay ŞİRİN'e gönülden teşekkürlerimi sunuyorum.

Yine kitapta kullandığım kaynak eserlerde emeği geçenlere, içerisinde bulunmaktan gurur duyduğum "Ufka Yolculuk Bilgi ve Kültür Yarışmaları" ailesine, benim için çok değerli olan ağabeyim Muhammed Serkan GÜL'e, ismini sayamadığım yakın dostlarıma ve Flora Kitap'a sonsuz teşekkürlerimi sunuyorum.

Sabırla yazıldı, sabırla okunsun.

Sadettin Tuncay

و

SELAM OLSUN

Yaradan ve yaratılana selam olsun. Allah'ın sevgili elçisi Peygamber Efendimize selam olsun. Onun temiz ve pak Ehl-i Beyt'ine selam olsun. Her biri hayatımıza ışık tutan ashabına selam olsun. Bizlere yol gösteren bütün âlimlere selam olsun. Allah rızası için can veren bütün şehitlere selam olsun. Birbirlerini Allah için sevenlere selam olsun. Allah'ın ipine sımsıkı sarılan ve ondan ümidini kesmeyenlere selam olsun. Selam olsun sekiz milyara...

İnsanlar arasında huzur, güven ve samimiyetin temeli olan Allah'ın adı 'Es-Selam' ile başlıyorum sözlerime. Çünkü selam, kelâmdan yani sözden önce gelir. Çünkü selam, Müslüman'ın Müslüman üzerinde hakkıdır. Çünkü selam, hâlden anlamaktır. Hâlden anlamayan insan, şifa olamaz insana. Çünkü selam, kapıyı çalmaktır. Kapıyı çalmayana açılmaz gönül kapısı. Sevgili Peygamberimiz (sallallahu aleyhi ve sellem) bir hadis-i şerifinde şöyle buyurmuştur:

"İnsanların Yüce Allah katında en hayırlısı, önce selam verenlerdir." (Ebû Dâvûd, Edeb, 132-133)

Güzel dinimiz İslam'a göre 'selam', barışın ve güvenin sembolü, iyi niyetin göstergesidir. İç huzura ermiş bir toplumun huzur kaynağı olan selamlaşma, bireyler arasında sevgi ve muhabbete dayalı sağlam bir gönül bağı oluşturur. Bu sebepten dolayı Peygamberimiz, selamın insanlar arasında yayılmasını tavsiye etmiştir. Şu sözleriyle selamın, iman ile bağlantılı olduğunu beyan etmiştir:

"İman etmedikçe cennete giremezsiniz, birbirinizi sevmedikçe de iman etmiş olmazsınız. Size, yaptığınız takdirde birbirinizi seveceğiniz bir iş göstereyim mi? Aranızda selamı yayın."
(Müslim, Îmân, 93)

Hayatımıza büyük bir fayda sağlayacak bu sünneti yaygınlaştırmamız bizlere Peygamberimizin tavsiyesidir. O hâlde iletişimin ilk ve en önemli basamağı olan selamlaşmayı hayatımızın merkezine yerleştirmemiz gerekiyor. Bunu başarabildiğimiz zaman çevremiz güven ve muhabbetle dolacaktır. Ayrıca güler yüz ve samimi bir kalple verdiğimiz her selam, bizlere sadaka olarak geri dönecektir. *Selamsızlık* ise bizi birbirimize yabancılaştıracak, birbirimizden uzaklaştıracaktır. Selam vermek sünnet, almak ise farzdır. Bize verilen selama, dengi veya daha güzeliyle karşılık vermemiz de önemlidir. Bu konuda göstereceğimiz hassasiyet bizleri Allah'a yakınlaştırır.

Selam sever birisi olmanız adına kendinize hedef koymanızı öneriyorum. Her gün en az on kişiye selam verin. Hiç yapamazsanız sosyal medya hesaplarınızdan selamı yayın. Bu konuda örnek alınacak bir sahabe; Peygamberimize bağlılığıyla bilinen meşhur sahabe Abdullah B. Ömer (Allah ondan razı olsun) alışverişi sevmediği hâlde yalnızca gördüğü kimselere selam vermek için çarşıya çıkarmış. *(Muvatta', Selam, 4.)*

Kitabın gönüllere şifa olmasını Rabbimden dilerim.
Selam, sevgi ve dua.

و

"Sabır, ışıktır."
Peygamberimizin bu sözünü nereye asarsak orası aydınlanır. Hep beraber gönlümüzün en karanlık yerine asmaya ne dersiniz?

و

EN ÖNEMLİ İŞ: ALLAH'I TANIMAK

Neyi seversek onu iyi tanırız. Hayranı olduğumuz bir sanatçıyı veya futbolculuyu özelliklerini sayarak öve öve bitiremeyiz. Sevdiğimiz bir arabayı neden sevdiğimizi iyi biliriz. Sevdiğimiz bir yeri neden sevdiğimizi iyi biliriz. Sevdiğimiz bir meyveyi neden sevdiğimizi iyi biliriz. Kısacası neyi niçin sevdiğimizi iyi biliriz. Çünkü sevmek ilgi ve alaka ister.

Peki birisi 'Allah' hakkında soru sorduğunda ona nasıl cevap verebiliriz? Her şeyden çok sevdiğimizi söylediğimiz Rabbimiz hakkında neler söyleyebiliriz?

En çok kimi seveceksek en iyi O'nu tanımamız gerekir. Dolayısıyla en önemli işimiz Allah'ı tanımaktır. Tanımalıyız ki layıkıyla tanıtabilelim ve sevebilelim. Bu sebepten ötürü ilk kitabımda Allah'ın güzel isimlerine, Esmâü'l-Hüsnâ'ya yer vermek istedim. Hep beraber okuyalım ve Rabbimizi tanıyalım. Gönlümüze huzur veren bu isimleri çokça analım. Anlamlarıyla birlikte öğrenmeye gayret gösterelim.

1. Allah: O vardır. O'ndan başka da ilâh yoktur.
2. Er-Rahmân: Dünyada bütün mahlûkata merhamet ve ihsan eder.
3. Er-Râhim: Ahirette sadece müminlere merhamet ve ihsan eder.
4. El-Melik: Mülkün ve varlığın sahibi O'dur.
5. El-Kuddûs: Her türlü eksiklik ve kusurdan münezzehtir.
6. Es-Selam: Esenlik sahibidir, esenlik verendir, selamete ulaştırandır.
7. El-Mü'min: Güven veren, emin kılan, iman nurunu verendir.
8. El-Müheymin: Her şeyi gözeten, yaptıklarından haberdar olandır.
9. El-Azîz: İzzet sahibi, her şeye galip olan, karşı gelinmeyendir.
10. El-Cebbâr: Azamet ve kudret sahibidir. Dilediğini yapar ve yaptırır.
11. El-Mütekebbir: Büyüklükte eşi ve benzeri yoktur.
12. El-Hâlık: Yaratan, yoktan var edendir.
13. El-Bâri: Her şeyi kusursuz ve ahenkli yaratandır.

14. El-Musavvir: Varlıklara şekil ve suret verendir.
15. El-Gaffâr: Günahları çok bağışlayandır.
16. El-Kahhâr: Mağlûb olmayan tek galiptir.
17. El-Vehhâb: Karşılıksız nimetler verir.
18. Er-Rezzâk: Her varlığın rızkını verir.
19. El-Fettâh: Her türlü sıkıntıları giderir.
20. El-Alîm: Gizli, açık, geçmiş, gelecek, her şeyi bilir.
21. El-Kâbıd: Dilediğinin rızkını daraltır; ruhları alır.
22. El-Bâsıt: Dilediğinin rızkını genişletir; ruhları bedenlerine yayar ve huzura erdirir.
23. El-Hâfid: Hak edenleri alçaltıp zillete düşürür.
24. Er-Râfi': Hak edenlere şeref verip yükseltir.
25. El-Muizz: Dilediğini yüceltip aziz eder.
26. El-Müzilz: Dilediğini zillete düşürüp rezil eder.
27. Es-Semî': Her şeyi işitir, duaları kabul eder.
28. El-Basîr: Gizli açık, her şeyi görür.
29. El-Hakem: Mutlak hâkim, hikmet sahibidir.
30. El-Adl: Mutlak adalet sahibi, adaletin ta kendisidir; aşırılığa meyletmeyendir.
31. El-Lâtif: Lütuf ve ihsan sahibidir.
32. El-Hâbir: Her şeyden haberdardır.
33. El-Halîm: Cezalandırmada acele etmez, hilm sahibidir.
34. El-Azîm: Pek büyük ve yücedir.
35. El-Gafûr: Mağfireti boldur.
36. Eş-Şekûr: Az amele çok sevap verir.
37. El-Alî: Yüceler yücesidir.
38. El-Kebîr: Büyüklükte benzeri yoktur.
39. El-Hâfiz: Koruyucu olandır.
40. El-Mukît: Rızıkları yaratandır.
41. El-Hasîb: Kulların hesabını en güzel ve çabuk şekilde görür.
42. El-Celîl: Celâl ve azamet sahibidir.
43. El-Kerîm: Keremi, ikramı ve ihsanı boldur.
44. Er-Râkib: Her işi, her varlığı, her an gözetir, murakabe eder.
45. El-Mücîb: Duaları işitir, kabul eder.
46. El-Vâsi': Rahmeti, kudretli ve ilmi her şeyi kuşatır.

و

47. El-Hâkim: Her işi hikmetlidir.
48. El-Vedûd: Sever, sevilmeye lâyıktır.
49. El-Mecîd: Şerefi üstün, nimeti sonsuzdur.
50. El-Bâis: Öldükten sonra tekrar diriltilir.
51. Eş-Şehid: Her şeyi gözler ve bilir.
52. El-Hakk: Varlığı ve ulûhiyeti hak ve gerçektir.
53. El-Vekîl: Kendisine güvenilir ve dayanılır.
54. El-Kâvi: Kuvvet ve kudret sahibidir.
55. El-Metîn: Her şeye gücü yetendir.
56. El-Velî: Müminlere dost ve yardımcıdır.
57. El-Hamîd: Övülmeye lâyıktır.
58. El-Muhsî: Varlığı bütün ayrıntılarıyla bilir.
59. El-Mübdî: İlk ve örneksiz yaratandır.
60. El-Muîd: Öldürüp tekrar diriltendir.
61. El-Muhyî: Yarattıklarına hayat ve can verendir.
62. El-Mümît: Her canlıya ölümü tattırır.
63. El-Hayy: Ezelî ve ebedî bir hayat ile diridir.
64. El-Kayyûm: Her şeyin varlığı kendisine bağlı, kâinatı idare edendir.
65. El-Vâcid: Hiçbir şey kendisine gizli kalmaz.
66. El-Mâcid: Kadri ve şanı büyüktür.
67. El-Vâhid: Bir ve tektir.
68. Es-Samed: Hiçbir şeye ihtiyacı yoktur ve herkes ona muhtaçtır.
69. El-Kâdir: Kudretlidir, her şeye gücü yeter.
70. El-Muktedir: Varlık üzerinde dilediğince tasarruf eder, kudret sahibidir.
71. El-Mukaddim: Dilediğini öne geçirir.
72. El-Muahhir: Dilediğini sona bırakır.
73. El-Evvel: Varlığının başlangıcı yoktur.
74. El-Âhir: Varlığının sonu yoktur.
75. Ez-Zâhir: Varlığı ve birliği açık ve âşikârdır.
76. El-Bâtın: Görülmesi ve mahiyetinin bilinmesi açısından gizlidir.
77. El-Vâlî: Bütün kâinatı sevk ve idare eder.
78. El-Müteâlî: Son derece yüce ve aşkındır.
79. El-Berr: İyilik ve ihsanı boldur.
80. Et-Tevvâb: Tövbeleri çokça kabul eder.

و

81. El-Müntekim: Suçlulara ceza verir, mağdurların intikamını alır.
82. El-Afüv: Affi boldur, günahları bağışlar.
83. Er-Raûf: Pek şefkatlidir.
84. Mâlikü'l-mülk: Mülkün tek gerçek sahibidir.
85. Zü'l-celâli ve'l-ikrâm: Celâl (azamet) ve ikram sahibidir.
86. El-Muksit: Adaletle hükmeder.
87. El-Câmi': Toplayıp düzenler, kıyamet günü hesaba çekmek için mahlûkatı bir araya toplar.
88. El-Ganî: Her şeyden müstağnidir.
89. El-Muğni: İhtiyaç giderir ve zengin eder.
90. El-Mâni': İstemediği şeyin önünde aşılmaz engel O'dur.
91. Ed-Dârr: Zarar ve elem verir.
92. En-Nâfi': Fayda ve yarar verir.
93. En-Nûr: Varlığı nurlandırır, nurun kaynağıdır.
94. El-Hâdî: Hidayete erdirir.
95. El-Bedî': Sanatkârane ve eşsiz, benzersiz yaratır.
96. El-Bâki: Varlığının sonu yoktur.
97. El-Vâris: Her şeyin asıl sahibidir.
98. Er-Reşîd: İrşad edicidir.
99. Es-Sabûr: Çok sabırlıdır.

GÜZEL BİLGİLER

"Peygamberimiz (sallallahu aleyhi ve sellem), Allah'a O'nun güzel isimleri ile dua etmekten hoşlanırdı."
(Ebû Dâvûd, Vitr, 23.)

"En güzel isimler (El-Esmâü'l-Hüsnâ) Allah'ındır. O hâlde O'na, o güzel isimlerle dua edin."
(A'râf Suresi, 7/180.)

و

Sabrın en büyük ödülü,
Allah'ın sevdiği bir kul
olabilme fırsatını
önümüze çıkarmasıdır.
Sınanmadan ve
zorluklardan geçmeden
Allah rızasına kavuşmak,
mümkün değildir.

و

ALLAH'A NE KADAR YAKINIM?

"Tüm ibadetlerimi yerine getirmeye gayret etmeme rağmen gönlümde bir eksiklik hissediyorum. Allah'a ne kadar yakın olduğumu bilmiyorum." ve benzeri çok soru alıyorum...

Kıymetli kardeşim,

Allah ile ne kadar ilgiliysen, O'na o kadar yakınsındır. Sana her gün 24 saat bahşeden Rabbine, ne kadar vakit ayırıyorsun? Yapman gereken farz ibadetlerine ne kadar dikkat ediyorsun? Ne sıklıkta Allah'a şükretme ihtiyacı kalbinde beliriyor? Hangi sıklıkta Allah'ı zikrediyorsun? Onun sevgisinden dolayı gözünden yaşlar süzüldüğü zamanlar oldu mu? Kur'an-ı Kerim ile aran nasıl? Allah Resul'ünü ne kadar iyi tanıyorsun? Baktığın her şeyde Allah'ı görebiliyor musun? Kâinat kitabını okuyabiliyor musun?

و

Allah'a yakın olan samimi bir kimse, gördüğü her şeyde Allah'ın kudretini hisseder. Yüreği en çok, Allah ile ilgilidir. Allah'ı andığı zaman, gerçek sevgi ve saygıdan dolayı, yüreği titrer. Evde, işte, okulda, yolda ve bütün mekânlarda, Allah'ın huzurunda olduğunun farkındadır. Zamanının kıymetini bilir ve her anını faydalı bir şekilde geçirme gayretinde olur. Yaptığı her işi en güzel şekilde yapmaya özen gösterir. İnsanlığa faydalı olmak en belirgin hedefidir.

Gönül aynasından kendine baktığın zaman ne görüyorsun? Yukarıda yazdığım özellikler sende var mı? Şimdi bunun üzerinde düşün. Şimdi kendine karşı dürüst ol. Şimdi Allah ile yakınlığını gözden geçir. Sen, Allah'a ne kadar yakınsın? Allah'a yakın birisinin özellikleri nedir sence?

Allah'ım! Rızana, Resul'ünün sünnetine, Sen'i sevenlere ve Sen'in sevdiklerine yakın kıl gönlümüzü!

GÜZEL BİLGİ

"(Resulüm!) Kullarım sana beni soracak olurlarsa, (bilsinler ki) ben, şüphesiz onlara çok yakınım. (İsterse gönlünden geçirsin.) Bana dua edenin duasına icabet eder (kabul eder)im. O hâlde onlar da benim davetimi kabul ed(ip bana itaat et)sinler ve bana iman(da sebat) etsinler. Ta ki bu sayede doğru yola (kurtuluşa) ulaşmış olsunlar."
(Kur'an-ı Kerim, Bakara Suresi, 186. Ayet)

و

Allah'a olan yakınlık
derecesini öğrenmek
istiyorsan, başına gelen
olumsuz olaylara karşı
gösterdiğin sabır
derecesine bak. Sabır,
Allah'tan gelen her
şeye razı olmaktır.

و

EL-BÂSİR: GİZLİ/AÇIK, HER ŞEYİ GÖRÜR

Kaç yaşında olursak olalım, büyüklerimiz her zaman bizlere nasihat eder. Çocukluğuma dair hatırladığım bir anneanne nasihatini sizlerle paylaşmak istiyorum:

"Oğulcuğum! Allah, kapkaranlık bir gecede, kapkara bir taşın üzerinde yürüyen, kapkara bir karıncayı görür ve ayak sesini işitir. Karıncaya rızık verir."

Çocuk yaşlarımda çok da iyi idrak edemesem bile, altından kıymetli bu nasihatin değerini şimdi daha iyi anlıyorum. Peki bu nasihatten kendime nasıl bir ders çıkarmam gerekiyor?

Nerede olursak olalım, 'el-Bâsir' olan Rabbimiz, gizli/açık, her şeyi görür. Her yaptığımızı bilir, hatta kalbimizden geçenlerden bile haberdardır. Hiçbir halimizi Rabbimizden gizleyemeyiz. Bu bilinçle davranışlarımızı şekillendirmemiz gerekir. Fakat bizler bu bilinçten maalesef çok uzağız. Güvenlik kameralarının olduğu yerlerde davranışlarımıza daha fazla dikkat ederiz. Çünkü birilerinin bizi izlediğini veya görüntülerin kaydedildiğini biliriz. Öğrenciysek, öğretmenimiz yanımızdayken farklı davranırız. Çalışıyorsak, patronumuz odadayken farklı davranırız. Büyüklerimizin yanında daha farklı davranırız. Trafikte yol kenarında bir polis arabası görsek hemen hızımızı yavaşlatır, davranışımızı değiştiririz.

Ailesinden gizli sigara kullanan genç arkadaşlarım var. Ailesi sigara kullandığını bilse bile onların görmesini istemez. Anne veya babasının kendisini o hâlde görmesine gönlü razı olmaz. Sizler de böyle davranıyor olabilirsiniz. Bu davranışın sebebi anne-babasının onu o hâlde gördüğünde üzüleceğini düşünmesidir. Kur'an-ı Kerim'de Rabbimiz (O'nun şanı ne yücedir) şöyle buyurur:

"Allah yaptıklarınızı şüphesiz görendir." (Bakara Suresi, 110. Ayet)

Güvenlik kameralarının bizi izlediğini aklımızdan çıkarmamamıza rağmen Allah'ın bizi her an izlediğini hep unutuyoruz. İnsanlara iyi görünmek için çaba gösteriyoruz. Anne ve babamız üzülmesin diye hoşlanmayacakları davranışları onların yanında yapmaktan kaçınıyoruz. Peki bizleri ve tüm her şeyin yaratıcısı olan Rabbimizin hoşnut olmayacağı işleri yapmaya gönlümüz nasıl razı oluyor? Üstelik her an bizi izlediğini bildiğimiz hâlde.

O hâlde Allah'ın bizleri her zaman izlediğini bildiğimiz gibi, gelin bildiğimize uygun hareket etmeye gayret gösterelim. Allah'ın varlığını gönlümüzde hissedelim. Her zaman iyi bir Müslüman olma gayretinde olalım. Peygamberimiz (sallallahu aleyhi ve sellem) nasıl yaşamışsa ona uygun yaşamaya gayret gösterelim. Allah'ın varlığını hissedersek o zaman tüm davranışlarımızı O'nun rızasına uygun yapmaya gayret gösteririz. O'nun rızasına uygun davranırsak, O'nun sevgisine layık oluruz.

و

İnsanlara karşı kalbimizi ve duygularımızı saklayabiliriz. Her şeyi bilen Rabbimizden neyimizi saklayabiliriz?

و

ALLAH'IN BİLMESİ YETER

Yaptığımız ibadet ve güzel işleri gösteriş için değil yalnızca Allah için yapmalıyız. İnsanların bilmesinden kaçınmalı; her an her yerde yaptığımız iyiliklerden bahsedip böbürlenmekten vazgeçmeliyiz.

İyiliklerimizi anlatmamızın insanlar karşısında değerimizi arttıracağını düşünürken Allah karşısında değerimizi düşüreceğini unutmamamız gerekir. Bu eylem içtenliğimize zarar verecek, temiz sevgimizi ve yürekten bağlılığımızı yok edecektir.

Allah'ın bilmesi yeter. Yalnızca Allah bilirse ve yalnızca O'ndan karşılık beklersek, insanlar karşısında değerimizin arttığını görürüz. Çünkü bu içtenlik, Allah'ın sevgisini kazanmamıza vesile olacaktır. Şüphesiz Allah sevdiğini sevdirir. Bu yüzden iyiliklerimizin ve ibadetlerimizin karşılığını, takdir ve mükâfatını sadece Allah'tan beklemeliyiz.

و

Peygamberimiz (sallallahu aleyhi ve sellem) şöyle buyuruyor:

"Her kim duyulsun diye bir iş işlerse, Allah onun kıymetsizliğini duyurur. Her kim gösteriş olsun diye bir iş yaparsa, Allah da onun gösteriş yapmasını ve değersizliğini ortaya çıkarır."
(Müslim, Zühd, 38.)

Eşrefoğlu Abdullah-ı Rûmi hazretlerinin Müzekki'n-Nüfus adlı eserinde yazıldığına göre:

Hz. Ömer (radıyallâhu anh) Üveys el-Kârânî (radıyallâhu anh) adlı meşhur bir velînin yanına varmış ve;

"Yâ Üveys! Bana nasihat eyle!" demiş.

Üveys el-Kârânî sormuş: "Bu halk seni bilir, tanır mı?"

"Evet, bilir."

"Öyleyse halka kendini unuttur. Zira Allahu Teâlâ'nın seni bilmesi kâfidir!"

Hz. Ömer bu sözü beğenmiş ve devamını istemiş:

"Yâ Üveys! Bana daha fazla nasihat et!"

Üveys (radıyallâhu anh) yine sormuş:

"Yâ Ömer! Allahu Teâlâ'yı bilir, tanır mısın?"

"Elbette bilirim!"

"Başka şeyler de bilir misin?"

"Evet, başka şeyler de bilir, tanırım!"

"Diğer bütün bildiklerini unut; zira Allahu Teâlâ'yı bilmen sana kâfidir!"

و

Dertlerin, kederlerin
içine öyle bir aşkla dal ki,
sonunda hiç beklemediğin
bir zamanda ansızın
Hakk'ın kürsüsü ve arş-ı
azamı senin önüne
gelsin. Çünkü sabır
sıkıntının anahtarıdır.

Hz. Mevlânâ

و

NEDEN HZ. MEVLÂNÂ?

Hz. Mevlânâ denilince aklınıza neler geliyor? Veya gönlünüzde neler hissediyorsunuz? Onun ismini duymak bile beni çok heyecanlandırıyor. Hislerimi anlatabilecek bir söz arıyorum ve Hz. Mevlânâ'nın, "Aşkı da âşıklığı da gene aşk açıklar." sözü aklıma geldi. Kendimi bildim bileli onun ismini sıkça duyarım. Ama onu tanımama vesile olan en büyük olay, lise yıllarımda Müslüman olmayan İsveçli bir öğretmenimin, sırf Hz. Mevlânâ'nın diyarından geldiğim için bana duyduğu saygıyı gönlümde hissettiğim an başladı. Bana, Hz. Mevlânâ ile ilgili sorular sorduğunda cevaplamakta yetersiz kalıyor, dolayısıyla mahcup oluyordum. Bu vesileyle Hz. Mevlânâ'yı araştırmaya ve eserlerini okumaya başladım. Okuduğum her şey gönlüme huzur veriyor, buzlar ülkesi İsveç'te içimi ısıtıyordu. Onu tanımaya çalışmamın beni Allah'a yakınlaştırdığını hissediyordum.

İlmiyle bizlere şah damarımızdan bile daha yakın olan Rabbimiz, şüphesiz gönlümüzün ihtiyaçlarını en iyi bilendir. Kulunun ihtiyacına göre önüne bazı yollar çıkararak onu imtihan eder. İmtihanın kıymetini bilebilirsek (inşallah) Allah'a yakınlaşırız. O dönemlerde Rabbimin de yönlendirmesiyle, en çok karşılaştığım nasihat Asr Suresiydi.

و

Camiye gittiğim zaman sohbetin, takvim yaprağındaki yazının ve okuduğum kitabın konusu bu öğüt verici sure hakkında oluyordu. Namaza gittiğim zaman o sure okunuyordu. Tevafuklara çok inanırım. Özellikle bu surenin sürekli karşıma çıkmasının benim için önemli bir mesaj olduğunu hissettim.

Rabbimiz, orada hakkı ve sabrı tavsiye edenlerin ziyandan kurtulacağını söylüyordu. Hz. Mevlânâ da bütün eserlerinde hakkı ve sabrı tavsiye eder. Ben de sizlerin bu hakikatle buluşmanıza vesile olabilmek için 2012 yılında Instagram'da, "@mevlana_" sayfasını kurdum. Bu sayfanın ilgi gördüğünü, insanlara faydalı olduğunu, onlara Allah'ı hatırlattığını, hakkı ve sabrı tavsiye ettiğini ve samimi bir dost olduğunu gördükçe yaptığım işi sevmeye başladım. Bununla birlikte Hz. Mevlânâ'ya olan ilgim de arttı.

Hayatımın güzelleşmesine vesile olan bu sayfanın kuruluş amacının, Allah rızasını kazanmak olduğunu tüm kalbimle söyleyebilirim. Hiç tanımadığım ve belki de hiç tanımayacağım insanların dertlerini dinleyerek, âcizane bir şekilde onlara yol göstermeye çalıştım. Çok güzel dostluklar kazanmama, kendimi geliştirmeme ve faydalı işler yapmama yardımcı oldu. Sabır kitabını yazmama ve her gün binlerce dua almama vesile oldu. Bütün bu güzelliklerin ilham kaynağı Hz. Mevlânâ'dır.

Gönülden gönüllere açılan pencereler vardır. Hz. Mevlânâ'nın gönül penceresinden baktığımız zaman ilahi aşkın tecelli ettiğini görürüz. Çünkü onun kaynağı Kur'an ve sünnettir. Onun harika eserleri, ilahi aşkla (yani asıl gayemizin Allah'ın rızasını kazanmamız ve Allah tarafından sevilmemizin olmasını dile getirmesiyle) birlikte, dilimizle ifade edemediğimiz ve gönlümüzün bir kenarında sakladığımız her şeyin tercümanıdır. Onu anlamaya çalıştığımız her an gönlümüzde çözemediğimiz kördüğümlerin birer birer çözüldüğüne şahit oluruz.

و

Onun sevdasının, insanın kendi aslını bulma sevdası olduğunu hissederiz. Bu yüzden eserlerinde kolayca kendimizi bulabiliriz.

Bir konuşmada konu sevgi, aşk, muhabbet, güzellik veya kalbi saflık gibi Allah'a yakınlaştıran önemli değerler ise orada illa ki Hz. Mevlânâ anılır. Hz. Mevlânâ'dan sonra bu konular üzerine yazılan bütün eserlerde ondan ilham alınmıştır. Çünkü onun üslubu hem kendisinden evvel gelenlere tercüman, hem de kendisinden sonra gelecek olanlara ilham kaynağı olmuştur. İslam Medeniyetinde bu konuları üslubuyla güzel bir şekilde anlatmasıyla nam salmış tasavvufi bir şahsiyettir. Onu tanımadan, ecdadımızı tanımamız, o zarif medeniyeti anlamamız mümkün değil.

Şems-i Tebrizi ile tanışması, Hz. Mevlânâ'nın hayatını büyük ölçüde etkilemiştir. Birbirinin gönül dilinden anlayan iki yakın dost olmuşlardır. Bizim de böyle samimi arkadaşlarımız vardır hayatımızda. Herkes herkesi tam anlamıyla anlayamaz. Ama birbirini tam anlamıyla anlayan iki ruh, birbirine ayna olur. En samimi dostumuz, kim olduğumuzun göstergesidir aslında. "Bana arkadaşını söyle sana kim olduğunu söyleyeyim" diye boşuna söylememiş atalarımız. Hz. Mevlânâ ve Şems-i Tebrizi birbirlerinden gönül gıdası almıştır. Zira gönül dostu Hz. Mevlânâ şöyle tavsiyede bulunur bizlere:

"Agâh ol, bir gönüldeşten gönül gıdasını al, onunla gönlünü gıdalandır. Yürü, ikbali bir ikbal sahibinden öğren!"

Günümüzde özellikle sosyal medyada birçok sözün altında Hz. Mevlânâ yazdığını görüyoruz. Bazen öyle saçma sözler oluyor ki gerçekten çok kızıyorum. Sizleri bu konuda hassasiyete davet ediyorum. Sadece Hz. Mevlânâ sözlerinde değil; okuduğumuz her bilgide kaynak analizi yapmamız gerekiyor. Bir tıkla bir sözün milyonlara yayılmasına vesile olabiliyoruz. O söz gerçekten o kişiye ait değilse (Allah korusun) kul hakkına girebiliriz. O yüzden okuduğunuz her şeyin kaynağını sorgulamamız gerekiyor. Eğer kaynak yoksa paylaşan kişiyi güzelce uyaralım.

Mevlânâ hazretleri, tevazu ve sevgi ile Kur'an-ı Kerim'in bendesi olduğunu, Peygamber Efendimizin yolunun toprağının bir zerresi olduğunu söylemiştir. Hiç kimsenin onun sözlerini Kur'an ve hadisten gayrı bir şeye götürmesini ve kendi söylediklerinden başka söz nakletmesini istememiştir. "Bir kimse böyle bir şey yaparsa ben o kişiden bîzârım, o sözden uzağım." demiştir.

Sözleriyle her zamana ışık tutan Hz. Mevlânâ'yı anlatmak için ciltlerce kitaplar yazılmış ve sayısız konferanslar verilmiştir. Tasavvuf ehli Prof. Dr. Mahmud Esad Coşan Hocaefendi'nin onunla ilgili şu sözleri çok hoşuma gidiyor:

"Hz. Mevlânâ'yı kelimeler nasıl anlatsın, öyle coşkun bir şahsiyet ki kelimeler biter. Şiirle anlatılabilir, şiir biter. Nağmelerle anlatılabilir, her şey biter hâmûş olunur; o sükûtla anlaşılabilir, tadılabilir bir müstesnâ varlık. Çok orijinal bir şahsiyet, emsalsiz bir zirve..."

Allah hepimizden razı olsun.

و

Mana gözetenlerin
kıblesi sabırdır,
surete tapanların
kıblesi taştan
yapılan suret.

Hz. Mevlânâ

و

HZ. MEVLÂNÂ'DAN BEYİTLER

Denizi bir testiye dökersen ne alır?
Günün kısmetini...
(Mesnevi, 1/0020)

Allah'tan edebe muvaffak olmayı dileyelim.
Edebi olmayan kimse Allah'ın lütfundan mahrumdur.
(Mesnevi, 1/0079)

Sırların gönülde gizli kalırsa o muradın çabucak hasıl olur.
(Mesnevi, 1/0175)

Hakiki olan vaatleri gönül kabul eder,
İçten gelmeyen vaatler ise insanı ıstıraba sokar.
(Mesnevi, 1/0180)

Henüz kanadı çıkmayan kuş uçmaya kalkışırsa,
her yırtıcı kedinin lokması olur.
(Mesnevi, 1/0584)

Allah bir kimsenin ayıbını örtmek isterse o kimse
Ayıplı kimselerin ayıbı hakkında ses çıkaramaz olur.
(Mesnevi, 1/0982)

Suyun gemi içinde olması geminin helakıdır. Gemi altındaki su ise gemiye; geminin yürümesine yardımcıdır.
(Mesnevi, 1/0985)

Gönül birliği, dil birliğinden daha iyidir.
(Mesnevi, 1/1207)

Koyunun kurttan kaçmasına şaşılmaz;
Şaşılacak şey, bu koyunun kurda gönül vermesidir.
(Mesnevi, 1/1292)

Gözünün önüne gök renkli bir ayna koymuşsun,
sebepten alem sana gök görünüyor.
(Mesnevi, 1/1329)

Her meyve ve her yaprak, tomurcuğun diliyle
Allah'ın şükrünü terennüm eder.
(Mesnevi, 1/1344)

Ey padişahlar! Dışarıdaki düşmanı öldürdük;
İçimizde ondan beter bir hasım var.
(Mesnevi, 1/1373)

İnsan, dostu görmeyince kör olsun daha iyi.
(Mesnevi, 1/1407)

Şüphesiz, arayan bulur.
(Mesnevi, 1/1412)

Kıyamet günü her şeyin Allah'a arz edileceği,
Allah tarafından görülüp sorulacağı en büyük gündür.
(Mesnevi, 1/1597)

Cahil insan ilelebet mihnete (üzüntüye) âşıktır.
(Mesnevi, 1/1709)

و

Ben varlığı yoklukta buldum,
Onun için varlığı yokluğa feda ettim.
(Mesnevi, 1/1735)

Suya batan adam fazla debelenir, eline geçen ota tutunur. O tehlike zamanında elini kim tutacak diye can korkusuyla şuraya, buraya elini sallar durur, yüzmeye çalışıp çabalar. Sevgili, bu divaneliği, bu perişanlığı sever. Beyhude yere çalışıp çabalamak, uyumaktan iyidir.
(Mesnevi, 1/1817-19)

Baharların tesiriyle taş yeşerir mi?
Toprak ol ki renk renk çiçekler bitiresin.
(Mesnevi, 1/1911)

Yağmur vardır, alemi beslemek için yağar.
Yağmur vardır alemi perişan etmek için yağar.
(Mesnevi, 1/2037)

Bahar serinliğini ganimet bilip istifade edin.
Çünkü o, ağaçlarınıza ne yaparsa bedenlerinize de onu yapar.
(Mesnevi, 1/2046)

Allah güneştir; hırs ise buzdur. Akıllılık sudur, bu alem kirdir.
(Mesnevi, 1/2068)

Bunu duy da bil ki Allah, kimi kendisine davet ettiyse
kimse bütün dünya işlerinden vazgeçmiştir.
(Mesnevi, 1/2120)

و

Dostların birbirlerine armağan sunmaları, dostluğa nazaran ancak görüşüne ait şeylerdir. Fakat bu suretle o armağanlar, gönüllerde gizli bulunan sevgilere şehadet eder.
(Mesnevi, 1/2292-95)

Sevgi ve acıma, insanlık vasfıdır;
Şiddet ve şehvetse hayvanlık vasfı.
(Mesnevi, 1/2436)

Usta hangi hünerde tanınmışsa, hangi hünerle şöhret bulmuşsa çırağı da o hünerde ilerler, o hünerde meşhur olur.
(Mesnevi, 1/2829)

Sabır, gamdan kurtulmak için anahtardır.
(Mesnevi, 1/2908)

Ey ayıpları örten Allah! Perdemizi kaldırma;
imtihan zamanında bize yardım et, bizi kurtar!
(Mesnevi, 1/3293)

Balta; ağaçların, dalların çokluğundan, sıklığından hiç korkar mı? Hepsini paramparça eder, kesip biçer. Fakat bir ota saldırmaz. Neşter, yaradan başka yere vurulmaz.
(Mesnevi, 1/3327-28)

Eğer bu harap zindandan kurtulmaya bir yol istersen
Sevgiliden baş çekme, secde et de yaklaş!
(Mesnevi, 1/ 3607)

Kul, efendisinin huzurunda değilken de kulluğunu korur,
İtaatten çıkmazsa bu kulluk iyi ve hoş bir kulluktur.
(Mesnevi, 1/3633)

و

Kulluk ve iman, şimdi makbuldür. Fakat ölümden sonra her şey meydana çıkınca inanmak, bir işe yaramaz.
(Mesnevi, 1/3640)

Denizin ırmağa sığması mümkün değildir.
(Mesnevi, 1/3810)

Allah'tan başka her şey batıldır, asılsızdır.
Allah'ın ihsanı, yağmuru kesilmeyen bir buluttur.
(Mesnevi, 1/3923)

İlim kılıcı, demir kılıçtan daha keskin;
Hatta yüzlerce ordudan daha galip, daha üstündür.
(Mesnevi, 1/3989)

Dert, Allah'ı gizlice çağırmana sebep olduğu için
Bütün dünya malından üstündür.
(Mesnevi, 3/0203)

Nerde dert varsa deva oraya gider.
Yoksulluk varsa nimet oraya varır.
(Mesnevi, 3/3210)

Hakikatte her düşman, senin ilacındır, sana kimyadır;
Çünkü ondan kaçar, halvet bucaklarına sığınır,
Hakk'ın lütfundan yardım dilersin.
(Mesnevi, 4/0094-95)

و

Sabır, güzel hayallerle
tatlılaşır. Çünkü her
şeyden evvel içinde
bulunduğun sıkıntıdan
kurtulma hayaline
düşersin. O kurtuluş
ümidi, içteki imandan
gelir. Bundan dolayıdır
ki, sabrı olmayanın
imanı da yoktur.

Hz. Mevlânâ

و

SABRIN EN İYİSİ

Mezarın başında ölçüsüz bir şekilde feryat eden bir kadının yanından geçen Peygamberimiz (sallallahu aleyhi ve sellem) kadına dönerek şöyle buyurmuştur:

"Allah rızası için sabretmek lazım!"

Peygamber Efendimizi tanımayan bu kadın, "Git başımdan! Başıma geleni sen yaşamadın..." diyerek cevap vermiştir. Bunun üzerine Allah'ın Resulü oradan ayrılmıştır. Daha sonra kendisine nasihat edenin Peygamber Efendimiz olduğunu öğrenen kadın, hemen onun yanına gitmiş ve onu tanıyamadığını söyleyerek özür dilemiştir. Bunun üzerine Peygamberimiz şöyle buyurmuştur:

"Sabrın en iyisi felaketle karşılaştığın ilk anda gösterdiğin sabırdır." (Buhârî, Cenâiz, 31)

Yaşanan bu olay bizler için büyük bir ders niteliği taşımaktadır. En güzel sabır, sıkıntıyla baş başa kaldığımız ilk anda gösterdiğimiz olgun davranışımızdır. Yaramızın acısı sıcakken gösterdiğimiz sabır elbette en kıymetli sabırdır. Sıkıntıyla karşı karşıya kaldığımız ilk an Rabbimizin takdirine rıza göstermemiz gerekir. İsyan edip, öfkemize hâkim olamazsak eğer hem kendimize hem de etrafımıza zarar verebiliriz. En önemlisi de (Allah korusun) Allah'ın rızasından uzaklaşabiliriz.

Peki başımıza gelen olumsuz olaylara karşı ilk tavrımız ne olmalıdır? Başımıza olumsuz bir olay geldiğinde; kötü bir haber aldığımız zaman, kaza geçirdiğimiz zaman, hasta olduğumuz zaman... samimi bir şekilde ilk sözümüz şu olmalıdır:

"İnnâ lillâhi ve innâ ileyhi râciün" yani "Biz şüphesiz (her şeyimizle) Allah'a aitiz ve (sonunda) yine O'na döneceğiz."
(Bakara Suresi, 156. Ayet)

Mesela çok kıymetli bir eşyamızı kaybettik diyelim. Hemen "İnnâ lillâhi ve innâ ileyhi râciün" der ve ardından samimi bir şekilde dua edersek hem Allah'ın rızasını kazanır hem de kaybettiğimiz şeyi daha kolay bulur veya daha kıymetlisine/hayırlısına sahip oluruz. Nasıl mı dua edelim? Örneğin şöyle dua edebiliriz; "Ya Rabbi! Yaşadığım bu musibete, bu sıkıntıya karşı bana sevap ver. Ben, Sen'in rızan için sabrediyorum. Benim için hayırlıysa kaybettiğimi bana kavuştur. Benim için hayırlı değilse bana daha hayırlısını nasip et." Daha sonra kaybettiğimiz eşyayı aramaya koyulabiliriz.

Kur'an-ı Kerim'de Rabbimiz şöyle buyuruyor:

"Ey iman edenler! Sabır ve namaz/dua ile (Allah'tan) yardım isteyin. Şüphesiz Allah sabredenlerle beraberdir."
(Bakara Suresi, 153. Ayet)

و

Ne güzel bir yönlendirme... Namaz ve dua Müslümanın en güzel sığınağıdır. Peygamberimiz de kendisini üzen bir durumla karşılaştığı zaman namaz kılar, bolca dua edermiş. O hâlde bu tür durumlarla karşılaştığımız zaman hemen Allah'ın sabredenlerle beraber olduğunu hatırlayıp güzelce abdest alarak namaz kılmak bizim için de çok faydalı olacaktır.

GÜZEL BİLGİLER

"Müminin durumu ne ilginçtir! Her hâli kendisi için hayırlıdır. Bu durum yalnız mümine mahsustur. Başına sevinecek bir hâl geldiğinde şükreder; bu onun için hayır olur. Başına bir sıkıntı gelecek olursa ona da sabreder; onun için bu da hayır olur."
(Hadis-i Şerif - Müslim, Zühd, 64)

"Müminin başına bir sızı veya bir meşakkat, bir hastalık, bir hüzün, hatta kendini üzen bir keder gelirse bunlar onun günahlarına kefaret olur."
(Hadis-i Şerif - Müslim, Birr, 52)

و

Sabır, adamı
maksadına çabucak
ulaştırır. Sabırlı kuş,
bütün kuşlardan
daha iyi uçar.

Hz. Mevlânâ

و

ASR SURESİ

Rahmân ve Rahîm Allah'ın adıyla.

"Asra yemin olsun ki muhakkak insan kesin bir ziyan içindedir. Ancak iman edip de sâlih (sevaplı) amel (ve hareket)lerde bulunanlar, hem de birbirlerine hakkı ve sabrı tavsiye edenler hariç (onlar ziyandan kurtulmuşlardır)." (Asr Suresi, 1-3. Ayetler)

Kısacık ama manası çok derin olan Asr Suresi'nin varlığından haberdar olmamız; haberdar olmakla birlikte bu sureyi özümsememiz ve kalbimize işlememiz gerekmektedir. İmam Şafii hazretleri (Allah ondan razı olsun), Asr Suresi hakkında, "Bu sure Kur'an'ın bütün öğrettiklerini kucaklıyor." demiştir. Bütün Kur'an-ı Kerim'i kapsayan bu sureyi kendimize rehber edinmemiz geçici dünya hayatını kazançla tamamlamamıza yardımcı olacaktır. Şimdi gelin hep beraber Rabbimizin mesajını inceleyelim.

"Asra yemin olsun ki muhakkak insan kesin bir ziyan içindedir."

Rabbimiz mesajın önemini vurgulamak için "Asra yemin olsun ki" diyerek yeminle başlıyor. Demek ki çok önemli bir mesaj var burada. Önemli olan mesaj nedir? İnsan oğlunun kesin bir zarar içerisinde olmasıdır. "Asra" yani "zamana" yemin edilmesi de çok manidardır. Çünkü zaman bizler için çok önemli bir kavramdır. Gerçekten onun kıymetini bilemeyiz ve sık sık "Zaman ne çabuk geçiyor." deriz birbirimize...

İnsanın en büyük kaybı zamandır. Zamanını doğru bir şekilde kullanmayan kesin bir ziyan içindedir. Sahip olduğumuz zamana saygı duymamız gerekiyor. Faydalı işler yapmak için zamanımızı en verimli şekilde kullanmaya çalışacağız. Çok lüks bir evimiz olsa ama o evde yaşayacak zamanımız yoksa hiç kıymeti yok. Dünyalar bizim olsun; sadece bir saatlik ömrümüz olduğunu bilsek o dünya malının ne kıymeti var? O yüzden zamanın kıymetini bilmemiz gerekiyor.

"Ancak iman edip de sâlih (sevaplı) amel (ve hareket)lerde bulunanlar, hem de birbirlerine hakkı ve sabrı tavsiye edenler hariç (onlar ziyandan kurtulmuşlardır)."

Devamında Rabbimiz, kimlerin ziyandan kurtulduğunu açıklıyor. "İman edenler." Yani Allah'ın bir olduğuna, meleklerine, kitaplarına, Peygamberlerine, ahiret gününe, kader ve kazanın Allah'tan geldiğine samimi bir şekilde inanıp hayatını buna göre yaşamaya çalışanlar. "Sâlih amellerde bulunanlar." İman ettikten sonra gereğince ibadet edip güzel işler yapanlar; iyilik yapanlar, zamanının kıymetini bilenler, Kur'an ve sünneti kendilerine rehber edinenler... Kaybetmeyecek olanlar bu kısa zaman içerisinde Allah'a hakkıyla kulluk eden ve güzel işler peşinden koşanlardır.

"Birbirlerine hakkı ve sabrı tavsiye edenler." En çok dikkatinizi çekmek istediğim nokta ise tam olarak burası. Ziyandan kurtulmak

و

istiyorsak birbirimize hakkı ve sabrı tavsiye etmemiz gerekiyor. Bu sebepten dolayı Peygamberimizin ashabından iki kişi birbiriyle karşılaştıklarında Asr Suresini okumadan birbirlerinden ayrılmazmış. Neden? Birbirlerine hakkı ve sabrı tavsiye etmek için. Neden? Çok faziletli bir ibadet çünkü.

Bu sebepten dolayı bu kitabın ismi Sabır'dır. Yıllar önce Asr Suresi'ni okuduktan sonra bir Instagram sayfası açmaya karar verdim. O dönemlerde Mesnevi okuyordum. Bana şifa olan bir şey neden başkasına da şifa olmasın ki? Benim insanlara hakkı ve sabrı tavsiye etmem gerektiğini hissettim. Sabır, sabır, sabır... Sadece sabır paylaştım. Geri dönüşler ise harikaydı. Herkesin en çok ihtiyaç duyduğu şey, kendisine sabrı tavsiye edecek samimi bir dost. Bunun bana gerçekten iyi geldiğini hissettim, çünkü beni Allah'a yakınlaştırıyordu. Âl-i İmrân Suresi, 146. Ayette Rabbimiz, "Sabredenleri severim" buyuruyor. Kendi rızası için sabredeni seven Rabbimiz, Kendi rızası için sabrı öğütleyin kullarını sevmez mi hiç? Hani bir atasözü var ya, "Bir adama kırk gün deli dersen deli olur." Ben de her gün sadece "Sabır" paylaştım. Herhâlde "Sabır, sabır, sabır... " diyerek daha sabırlı bir insan oldum. Rabbimizin tavsiyesi; hakkı ve sabrı insanlarla buluşturmak. O hâlde kurtuluşumuz için bunu kendimize görev edinelim.

Asr Suresini sıkça okuyalım. Hem Arapçasını hem de Türkçesini ezberlemeye çalışalım. Emin olun tam ihtiyaç duyduğunuz an da imdadınıza yetişecektir. Gönlünüze düşerek size yol gösterecektir. Kendinize yapacağınız en güzel iyilik gönlünüzde Asr Suresi farkındalığı oluşturmak olacaktır.

Allah'ım! Bizleri kazanan kullarından eyle; ziyan içinde olanlardan değil.

و

Sabır senin manevi
görüşünü arttırır,
gönül gözünü açar.

Hz. Mevlânâ

و

SABIR TAHAMMÜL DEĞİLDİR

Çevremizde bulunan çoğu kimse, sabır ile tahammülün aynı anlama geldiğini düşünüyor. Bu yüzden sabır ile tahammül arasındaki farkı iyi anlamak gerekir. Zira sabır, tahammül göstermek değildir. Çünkü sabır insanı güçlü kılan ve motive eden bilinçli bir tercihtir. Tahammül ise insanın sırtına yüklenmek zorunda kaldığı ve altında ezilebileceği ağır bir yüktür. Yani sabrı biz seçeriz; tahammül ise bizi seçer.

Sabır göstermek olumlu, yani bize fayda veren bir erdemdir. Tahammül göstermek ise olumsuz, yani bize zarar veren bir yükün hamallığıdır. Karşılaştığımız bir sıkıntıya karşı direnç göstermek, ona çözüm aramak ve güzel ahlak çerçevesi içerisinde bilinçli bir irade ortaya koymak sabrın göstergesidir. Sabırlı insan düşünerek hareket ettiği için olgun insandır. Tahammül etmekte ise şikâyet, ezilmişlik ve çaresizlik dolayısıyla acizlik, hor görülmeye razı olmak, suskunluk ve pes etmek vardır. Sabrın sonunda başarı yani selamet vardır. Tahammülün sonunda ise daha fazla tahammül yani kaybetmek vardır. Çünkü her tahammülümüzde yeni yükler yüklenir sırtımıza.

Bunu şöyle düşünebiliriz: Bardağın belli bir kapasitesi vardır ve kapasitesi kadar su alabilir. Ağzına kadar dolu bir bardağa bir damla su eklersek dahi taşar. Her tahammülümüz bardağımıza eklenen bir su damlasıdır. Belli bir noktadan sonra o bardağın taşacağı ise aşikârdır. Gördüğümüz gibi; tahammül biriktirmektir, dolayısıyla bir süre sonra taşandır. Sabır ise bardak dolmadan bardağı boşaltmaktır. Sabır çaredir, tahammül ise tasadır.

Karşılaştığımız olumsuzlukların bizlere öğreteceklerinin bilincinde olmak, sabırdır. Tahammül ise baştan sona kadar karamsarlıktır. Sabırda ümit vardır. Tahammülde ise kişinin tek beklentisi daha fazla tahammül göstermeye maruz kalmama isteğidir. Sabır arttıkça insan ferahlarken, tahammül arttıkça insan yorulur. Sabır dik tutan bir şifayken, tahammül ise insanın belini büken bir hastalıktır. Sabır kendini güzelce ifade edebilmekken, tahammül acı çekerken dilsiz olmaktır. Sabır insanı besleyen bol vitaminli bir besin kaynağıyken, tahammül acıktıran ve güçsüz bırakan zararlı bir gıdadır.

Bu yüzden sabırla, tahammülü karıştırmamak gerekir. Sabır göstermek acizlik değildir. "Sabır, sabır, sabır... diye diye ezildik, horlandık, eğildik, büküldük, zarar gördük, altta kaldık, kaybettik..." Bu laflara itimat etmeyin, güzel dostlar. Böyle diyen sabretmemiş, tahammül etmiştir. Zira Efendimiz (sallallahu aleyhi ve sellem), "Sabır ışıktır." buyuruyor. Peygamberimizin ışık gördüğü bir şeye haşa biz karanlık diyemeyiz. Karanlık olan tahammüldür ve isyana götürebilir. Allah'ın bize öğütlediği, bizden öğütlememizi istediği, bizi sevmesine vesile olan, bizden razı olmasını sağlayan ve kazanmamız için Allah'ın yardımını sağlayan bir davranış biçimi olumsuz bir davranış biçimi olamaz.

O hâlde karar senin; başına gelen kötü bir olaya karşı ya sabrederek kazanacaksın, ya da sabırsızlıkla kaybedeceksin. Allah, hakkıyla sabredenlerden eylesin. Âmin!

و

Maksada sabırla
erişilir, aceleyle
değil. Sabret,
doğrusunu Allah
daha iyi bilir.

Hz. Mevlânâ

و

SABIR EŞİTTİR TEVEKKÜL

Tevekkül, sahip olduğumuz bütün imkânların kıymetini bilerek üzerimize düşen sorumluluğu yerine getirmek ve bütün bu süreçte Allah'ın bizimle olduğunu gönülden hissetmektir. Görevimizi hakkıyla yerine getirdikten sonra sonucunu Allah'a bırakmak ve sonuç ne olursa olsun Allah'a samimiyetle teslimiyet göstermemizdir.

Sevgili Peygamberimiz (sallallahu aleyhi ve sellem), samimi dostu Hz. Ebubekir ile Medine'ye hicret edecekleri zaman gece vaktini seçmişlerdi. Gece vaktini tercih etmelerinin sebebi ise düşmanlarının yolculuktan haberdar olmamaları içindi. Yine takip edilmemek ve düşmanlarını şaşırtmak için Medine'ye değil tam aksi yön olan Sevr Dağı'na doğru yönelmişlerdi. Sevr Dağı'nda bir mağarada birkaç gün saklanmışlardı. Buna rağmen düşmanları onların izini bularak mağaraya kadar geldiklerinde Hz. Ebubekir endişelenmişti. Bu endişe üzerine Allah'a tam bir teslimiyet ve tevekkül içerisinde olan Peygamberimiz yol arkadaşını teselli etmek için şöyle buyurmuştu:

"Üçüncüsü Allah olan iki kişiye sen ne olacağını zannediyorsun? Üzülme! Çünkü Allah bizimle beraberdir."

Bunun üzerine Allah, gönüllerine güven ve huzur vererek onları düşmanlardan korumuştur.

Yukarıda yaşanan hadise gerçek tevekkülün nasıl olması gerektiğini bizlere öğretiyor. Gerekli tedbirleri alıp tüm gayreti gösterdikten sonra Allah'a güvenerek yardım istemek gerçek tevekküldür. Hakkıyla tevekkül edebilirsek sonuç ne olursa olsun asla kaybetmeyiz. Çünkü Allah'ın sevgisini kazanırız. Her şeyi bilen kudret sahibi Rabbimiz kendisine güvenerek tevekkül eden kulunu hiçbir zaman yalnız bırakmaz.

Gördüğümüz üzere tevekkül, kesinlikle pasiflik veya tembellik değildir. Çalışıp çabalamadan, 'sabır gösteriyorum' demek, kuru bir tevekkülden ibarettir. Bu sebepten "Sabır eşittir tevekkül" diyorum. Çünkü bu iki güzel davranış biçimi birbirini tamamlayan aktif birer ibadettir. Her ikisinde de emek, alın teri, tedbir, dikkat, akıllılık ve çaba vardır. Toprağa tohum atmadan ürün beklemek sabır değildir. Tohumu attıktan sonra gerekli olan işlemleri yerine getirmeden verim beklemek de tevekkül değildir. Kim sabırla, hakkıyla tevekkül ederse Allah'ın sevgisini kazanır.

Her şeyi bilen kudret
sahibi Rabbimiz
kendisine güvenerek
tevekkül eden kulunu
hiçbir zaman yalnız
bırakmaz.

و

SANA GÖRE SABIR NEDİR?

Peygamberimiz'e göre, *"Sabır, aydınlıktır."*

Hazreti Ebubekir'e göre, *"Sabır, zarardan uzak bir davranıştır."*

Hazreti Ali'ye göre, *"Sabır, bedende baş gibidir."*

Hazreti Ömer'e göre, *"Sabır, imanı koruyan bir kalkan gibidir."*

Hazreti Osman'a göre, *"Sabır, elinde olana kanaat göstermektir."*

Ebu Hanife'ye göre, *"Sabır, belaya rağmen Allah'ı anmak ve şükretmektir."*

İbni Ata'ya göre, *"Sabır, musibetler içindeyken, en güzel bir biçimde, edebe riayet etmektir."*

Ebu Ali Dakkak'a göre, *"Sabır, takdire itiraz etmemektir."*

Cüneyd-i Bagdâdî'ye göre, *"Sabır, yüzünü ekşitmeden acıyı yudumlamaktır."*

Reşid Rıza'ya göre, *"Sabır, zorluklara tahammül ederek nefsi yenmek ve acele davranmamaktır."*

Said Nursi'ye göre, *"Sabır, zorlukların anahtarıdır."*

Hacı Bektâş-ı Velî'ye göre, *"Sabır, gönlü koruyan kaledir."*

Mehmed Zahid Kotku'ya göre, *"Sabır, bir ordunun komutanı gibidir."*

Mahmud Es'ad Coşan'a göre, *"Sabır, hem dünya hem de ahirette izzet ve şeref kaynağıdır."*

İmam Gazali'ye göre, *"Sabır, Allah yolunda olan yolcuların uğrak yerlerinden bir konaktır."*

Mevlânâ'ya göre, *"Sabır, sırat köprüsüne benzer, cennet ise öbür taraftadır."*

و

Yunus Emre'ye göre, *"Sabır, gönlü besleyen faydalı bir gıdadır."*

Sadi Şirazi'ye göre, *"Sabır, zehri bala çevirendir."*

Lokman Hekim'e göre, *"Sabır, en güzel çaredir."*

Selman El-Farisi'ye göre, *"Sabır, Allah için mütevazı olmaktır."*

Abdulkadir Geylani'ye göre, *"Sabır, hayrın temelidir."*

Erzurumlu İbrahim Hakkı'ya göre, *"Sabır, iki cihan saadeti ve göz aydınlığıdır."*

Zunnun el-Mısri'ye göre, *"Sabır, Allah'ın emirlerine muhalif olan davranışlardan uzaklaşmaktır."*

Somuncu Baba'ya göre, *"Sabır, âşıklığın nişanesidir. Ve her aşk bir bedel ister."*

Veysel Karani'ye göre, *"Sabır, sonucunda Peygamber hırkası giymene vesile olabilecek, anne gönlünü hoş tutma gayretidir."*

Fadl bin Iyaz'a göre, *"Sabır, Allah rızasına ulaştıran yoldur."*

Hz. Rabia'ya göre, *"Sabır, uyanık bir kalbe sahip olabilmektir."*

Muhyiddin İbn Arabi'ye göre, *"Sabır, musibet anında en iyi nimettir."*

Ahmed Ziyâeddin Gümüşhânevî'ye göre, *"Sabır, vaktin kıymetini bilmek ve onu iyi yönetebilmektir."*

Şems-i Tebrizi'ye göre, *"Sabır, geceye bakıp gündüzün geleceğini bilmektir."*

Ahmed Yesevi'ye göre, *"Sabır, dünya deryasının gemisidir."*

Hasan Basri'ye göre, *"Sabır, müminin güzel ahlakıdır."*

Feridüddin Attâr'a göre, *"Sabır, kimseyi incitmemektir."*

İmam Şa'rani'ye göre, *"Sabır, haksızlığa karşı göğüs germektir."*

İmam Şafi'ye göre, *"Sabır, bela ve musibetlerin devamlı olmadığını bilmektir."*

Abdülhakim Arvasî'ye göre, *"Sabır, hatada ısrar etmemektir."*

Aziz Mahmud Hüdâî'ye göre, *"Sabır, dünyada misafir olduğunu bilmektir."*

Allah hepsinden razı olsun.

Allah yüz binlerce
ilaç yarattı ama
insan, sabır gibi bir
ilaç görmedi.

Hz. Mevlânâ

و

SABIR İSTEMEK

Hz. Ali (Allah ondan razı olsun) hastalanmıştı. Allah Resulü (sallallahu aleyhi ve sellem), onun ziyaretine giderek ona hangi duaları ettiğini sormuştu. Hz. Ali, Allah'tan sabır vermesini istediğini söylemişti. Bunun üzerine Peygamberimiz, "'Başıma gelen kötü olay için bana sabır ver!' demek yerine, neden 'Rabbena âtinâ... ' duasını okumuyorsun?" tavsiyesinde bulunmuştu.

Peygamberimizin tavsiye ettiği o duanın Arapça metni ve Türkçe anlamı şu şekildedir: "Rabbena âtinâ fi'd-dünyâ haseneten ve fi'l-âhireti haseneten ve gına azâbe'n-nâr." Manası: "Allah'ım, bize dünyada iyilik ve, âhirette de iyilik ver ve bizi cehennem azabından koru!"

و

Yine bir gün mescitte dua eden birisinin, "Ey Rabbim! Senden sabır istiyorum!" demesini duyan Allah Resulü, o kişiye şöyle demiştir:

"Sen Allah'tan bela istemiş oldun; bunun yerine O'ndan sağlık ve afiyet dile!"

Allah'tan her zaman hayırlı olanı istemek gerekiyor. Sabretmek çok güzel bir ibadettir ama her zaman herkes hakkıyla sabredemiyor. "Benim başıma bir bela gelsin. Ben sabredip sevap kazanırım." yanlış bir düşüncedir. (Allah korusun) Başımıza gerçekten de bir bela gelir ve sabredemeyip o belanın altında ezilirsek, bu bizi isyana sürükleyebilir. Her zaman samimi bir şekilde olumlu şeyler istememiz gerekiyor. Bu sebepten dolayı Peygamberimiz şöyle buyuruyor:

"Allah'tan istenilen şeyler arasında O'na en sevimli geleni, afiyettir."

Bir diğer husus ise dua ederken ahiret ve dünya hayatı için ölçülü olmaktır. Hem dünya hem de ahiret hayatı için dua etmek bizler için faydalı olacaktır. Ahiret hayatı insanın buradaki yaşantısına göre şekilleneceği için, dünya hayatının nimetlerinden hayırlı bir şekilde faydalanmayı istemek gerekir.

و

Sabır hoş bir buluttur. Ondan hikmet, manevi lütuflar yağar. Bu sebeptendir ki Kur'an-ı Kerim de bu sabır ayında (Ramazan) nazil olmuştur.

Hz. Mevlânâ

و

SABIR ÜZERİNE

Sabret! Her ağlamanın sonu gülmektir.
Sonunu gören adam mübarek bir kuldur.
(Mesnevi, 1/0819)

Alelâde otlar, iki ay içinde yetişir; fakat kırmızı gül, ancak yılda bir yetişir, çiçek verir. Gül istersen sabret!
(Mesnevi, 1/2593)

Sabret! Kötü renkli gecede çok iyilikler vardır.
Âb-ı hayat, karanlıkların eşidir, karanlıktadır.
(Mesnevi, 1/3691)

Sabır, sırat köprüsüne benzer;
cennet ise öbür tarafta...
(Mesnevi, 2/3147)

Allah, yüz binlerce ilaç yarattı;
ama insan, sabır gibi bir ilaç görmedi.
(Mesnevi, 3/1854)

Sabret! Allah, bağını yakınca sana bir bağ dolusu üzüm ihsan eder; yas içinde neşe verir.
(Mesnevi, 3/1873)

Sabret! Nice işler vardır ki ilk önce güç görünür de sonradan kolaylaşır, o güçlük geçer gider.
(Mesnevi, 3/2924)

و

Sabret! Ümitsizlikten sonra nice ümitler var...
Karanlığın ardında nice güneşler var!
(Mesnevi, 3/2925)

Sabret! Nerde dert varsa devâ oraya gider,
nerde yoksulluk varsa nimet oraya varır.
(Mesnevi, 3/3219)

Allah'tan gelen meşakkate sabret, ona razı ol!
Çünkü dosttan gelen belâ, seni temizler.
(Mesnevi, 4/0106-7)

Acele, şeytanın hilesidir;
sabır ve tedbir ise, Allah'ın lütfu.
(Mesnevi, 5/2570)

Ayın geceye sabretmesi, onu apaydın bir hâle kor.
Gülün dikene sabrı, onu güzel kokulu bir hâle getirir.
(Mesnevi, 6/1408)

Sabret! Gülmeler, ağlamaklarda gizlidir.
Ey sâf ve temiz kişi! Defineyi yıkık yerlerde ara.
(Mesnevi, 6/1586)

Arayan, sonunda bulur;
çünkü genişlik, sabırdan doğar.
Mesnevi, 6/0595)

Ehil olmayanlara sabretmek, ehil olanlara cilâdır.
Nerde bir gönül varsa sabırla cilâlanır.
(Mesnevi, 6/2041)

Sopayla kilime
vuran, kilimi
dövmez,
tozlarını silker.

Hz. Mevlânâ

و

NEREYE KADAR SABIR?

İnsanız. Sosyal ve imtihanlarla dolu bir dünyada yaşıyoruz. Elhamdülillah Müslümanız. Nimetlerin en güzeli olan İslam, sosyal bir din. Sosyal bir yaşamın her aşamasında ihtiyaç duyduğumuz erdemlerin en başında sabır gelir. Tüm insanlardan uzakta mağara hayatı sürdürsek bile sabredeceğimiz durumlar hiç eksik olmaz. Dolayısıyla sabır; hava, su ve ekmek kadar önemli bir ihtiyaçtır. İnsanın her anında ihtiyaç duyduğu kurtuluş yoludur.

Bu yüzden sabrettiğini sanarak gamlanan ve "Sabır, sabır, sabır… Nereye kadar sabır?" diye soran arkadaşlarıma; 'Son nefesimize kadar sabır!' diyorum. Çünkü Rabbimiz, bizlere cennet gibi bir dünya hayatı vadetmedi. Dünya hayatı cennet gibi imtihansız bir yer olsaydı, cennete ihtiyaç kalmazdı. Dünyaya geliş amacımız Allah'ı bilmek ve hakkıyla kulluk etmek olduğuna göre elbette bizleri amacımızdan uzaklaştırmak isteyecek engeller karşımıza çıkacaktır. Bütün bu engeller kulluğumuzun derecesini ölçmek içindir. Sabır ise bu engelleri aşmak için gösterdiğimiz gayrettir. Bu engellerin Allah'tan geldiğini bilerek samimi bir şekilde, "Allah bize yeter, O ne güzel vekildir!" (Hasbünallâh ve ni'me'l-vekîl) diyebilmektir.

Sabrı hayatımızın her anına dahil edebilmemiz için sürekli dünyaya geliş amacımız hakkında bilinçli bir şekilde kendimizi sorgulamamız gerekiyor. 'Benim dünyaya geliş amacım Allah'a kul olabilmektir' bilinciyle; Rabbimizin her an her halimizden haberdar olduğunu, bizimle beraber olduğunu, bize en yakın olanın O olduğunu, bizi bildiğini ve bizi sevdiğini hissetmemiz gerekir. Bu bilinci gönlüne işleyebilen bir kul, Allah'tan gelene teslim olur. Allah'ın almasının da vermesinin de lütuf olduğunu bilir. Kendisi için en hayırlısını sadece Allah'ın bildiğini, kendisine düşenin ise hakkıyla kulluğunu yerine getirmek olduğunu bilir.

Allah'ım! Sana hakkıyla kulluk edebilmem için bana yardım et.

و

Arayan,
nihayet bulur.
Kurtuluş,
sabırdan doğar.

Hz. Mevlânâ

و

ALLAH'IN TAKDİRİ

Peygamberimizin (sallallahu aleyhi ve sellem) yakın dostlarından birisi; Sa'd ibn-i Ebî Vakkas (Allah ondan razı olsun) hakkında bahsetmek istiyorum. Birçoğumuz onun ismini birçok defa duyduk ama onun hakkında çok az şey biliyoruz.

İlk Müslüman sahabelerden birisi olan Sa'd ibn-i Ebî Vakkas, aynı zamanda Peygamberimiz tarafından cennetle müjdelenen on sahabeden birisidir. Medine'ye ilk hicret edenler arasında olan Peygamber dostu; cesaretiyle ön plana çıkmış, hiçbir savaştan geri durmamış ve katıldığı her savaşta büyük faydalar sağlamıştır. Çok yetenekli bir okçu olan Sa'd ibn-i Ebî Vakkas'ın, Uhud Savaşı'nda attığı isabetli okların hedefi bulması Peygamberimizin dikkatini çekmiş ve Allah Resulü, Hz. Sa'd için "Anam babam sana feda olsun!" demiştir.

Ayrıca aynı muhaberede Peygamberimiz onun için şöyle dua etmiştir:

"Allah'ım! Sana, duâ ettiğinde, Sa'd'ın duâsını kabul et. Atışını da doğrult." (İbni Sa'd, Tabakât: 3/141)

Peygamberimizin de bu duasıyla birlikte ne dua ederse etsin Allah duasını kabul edermiş Sa'd ibn-i Ebî Vakkas'ın. Başkaları için nice dualar etmiş, duası aynen kabul olurmuş...

و

Ömrünün sonlarına doğru gözleri görmemeye başlamış Sa'd ibn-i Ebî Vakkası'ın. Durum böyle olunca ona şöyle demişler; "Sen duası kabul olan bir kimsesin. Kendine dua etsen de Allah gözünü açsa ya! 'Ya Rabbi! Sen benim gözlerime şifa ver, gözlerim tekrar görsün' diye dua etsene!" Buna karşılık nasıl cevap vermiş o mübarek kişi? İşte Sa'd ibn-i Ebî Vakkas'ı tanımanızı istememin sebebi vereceği şu cevapta saklı:

"Ben, Allah'ın takdirini gözümün nurundan daha çok severim."

Ne mükemmel bir cevaptır. Her aklıma geldiğinde gönlüm titrer. Allah'a olan teslimiyete bakın! Allah'tan gelene razı olmaya bakın! Ahlâkın güzelliğine bakın! Allah hepimize böyle güzel ahlâk nasip etsin...

Kul, Rabbine böyle güzel güvenirse Allah o kulunu zarara uğratır mı? En güzel dua, kulun Rabbine olan teslimiyeti değil midir? En güzel dua, kulun Rabbine olan samimiyeti değil midir? Elbette çokça dua edeceğiz kardeşlerim, elbette şifamızı arayacağız. Ama başımıza gelen olaylara karşı Rabbimize teslimiyet göstermemiz gerekiyor. İsyan etmememiz gerekiyor. Hiçbir şey bizim değil. Her şey bize emanet. Bu dünya hayatı geçici...

Sa'd ibn-i Ebî Vakkas'ı tanımış olduk. Allah Resulü'nün tüm dostları bizler için çok önemlidir. Onların hayatlarını öğrenmemiz ve onları hakkıyla tanımamız bizlere güzel özellikler kazandırır. Onların güzel hayatlarını öğrenme gayretinde olalım inşallah. Rabbim bizleri de Peygamberimize dost eylesin.

و

Bu sabır ve sebatla,
şu yedi renkli zahiri
gözden başka bir göz
elde edersin. O gözle
bu renklerden başka
renkler, taşlar yerine
mücevherler görürsün.

Hz. Mevlânâ

و

İYİLİĞİ TÜKETEN ATEŞ: ÖFKE

İyiliği yaşatmak her Müslümanın görevidir. Bu sebepten dolayı kalbimizde iyiliği tüketen kötü duyguların kontrolünü sağlamamız gerekir. Aksi hâlde hem kendimize hem de çevremize zarar vermiş oluruz. İyilikten uzaklaştıkça iç huzura hasret kalırız.

Kontrolünü sağlamakta zorlandığımız ve kalbimizde iyiliği yok eden duygulardan birisi de öfkemizdir. Pişmanlıklarımızın birçoğu öfkeliyken yaptığımız davranışlarımızdan dolayıdır. Çünkü öfke anında sağlıklı düşünemeyiz; kalbimiz kin ve nefretle dolar. Bu sebepten dolayı kontrol altına alamadığımız, faydalı bir şekilde kullanamadığımız öfke duygusu; faydadan daha çok zarara yol açar. Atalarımızın da dediği gibi, öfkeyle kalkan ziyanla oturur.

Kalbimizi kirleten bu duyguyu kontrol altına alabilmek için en güzel örneğimiz olan Peygamberimizin (sallallahu aleyhi ve sellem) yaşam tarzına bakmakta fayda var. Sevgili Peygamberimiz öfkelenince nasıl davranırmış? Etrafında bulunanlara öfkelendikleri zaman nasıl davranmalarını tavsiye etmiş? Bu soruların cevabını bilmek daha sonra yaşama ihtimalimizin olduğu pişmanlıkların önüne geçecektir. Ayrıca öfkemizi yenmemiz bizi Allah'a yakınlaştıracaktır. Çünkü öfkesini yenen Müslümanlar, Kur'an-ı Kerim'de övülmüştür. (Âl-i İmrân Suresi, 133-134. Ayetler)

Öfkemizi kontrol altına alabilmek için şunları yapabiliriz:

1. En önemlisi farkında olmaktır. Öfke anında kendimize şu üç cümleyi hatırlatmamız gerekir: "Şu an öfkeliyim.", "Öfkesine hâkim olabilen insan güçlüdür." ve "Öfkemi yenebilirsem Allah beni sever." Unutma, Peygamberimiz şöyle buyuruyor:

"Güçlü kimse, insanları güreşte yenen değil, bilakis öfke anında kendisine hâkim olandır."
(Müslim, Birr, 107)

2. Öfkelendiğini fark ettiğin zaman hemen Allah'a sığın. Çünkü öfke anında şeytan seni çabucak kandırabilir. Kötü işler yapmana vesile olur. Allah'ı hatırlaman, Allah'a sığınmaktır. Şu duayı samimi bir biçimde içinden tekrarlayabilirsin:

"Şeytanın şerrinden sana sığınırım Allah'ım!"

و

Kur'an-ı Kerim okuman, Allah'a sığınmaktır. Örneğin; Felâk, Nas, İhlas Surelerini okuyabilirsiniz. Peygamberimiz şöyle buyurmuştur:

"Ben bir kelime biliyorum ki, eğer şu adam o kelimeyi söylese muhakkak öfkesi geçer. O kelime: 'Eûzü billahi mineş-şeytânirracîm', sözüdür." (Müslim, Birr ve Sıla, 109)

3. Kalbindeki öfke ateşini abdest alarak söndürebilirsin. Abdest kalbini kirlerden arındırır, nurla doldurur. Olumsuzlukların üzerinden akıp gideceğini göreceksin. Peygamberimizin önerisidir. (Ebû Dâvûd, Edeb, 3)

4. Öfkenin en bariz sonuçları insanın dilinde tezahür eder. Küfür, hakaret ve kaba sözlerden uzak durmak için en güzel çare susmaktır. Öfkelenince karşınızda bulunan insan veya insanlara zaman tanıyın. Hem siz sakinleşin hem de muhatabınız sakinleşsin.

5. Peygamberimizin bir diğer tavsiyesi de şudur: Mekân değiştirmek. Bundan kasıt evdeyseniz oda değiştirmek veya dışarı çıkmak gibi. Veya ayaktaysanız oturmak, oturuyorsanız uzanmak gibi. (Ebû Dâvûd, Edeb, 3)

6. Müminin silahı duadır. Öfke anında kontrolü sağlayabilmek için her fırsatta Allah'tan yardım istemek gerekir. Rabbim, kalplerimizi kendi rızasından uzaklaştıracak tüm kötü duygulardan arındırsın.

و

Öfke anında kendimize hâkim olabilmek için en güvenilir limanımız olan Allah'a sığınalım. Öfke anında sabır ve sükûnet Allah'ın en sevdiği davranışlardır.

و

BUNDA DA VARDIR BİR HAYIR

Bazen başımıza gelen kötü olayların aslında bizim için daha hayırlı olduklarına şahit oluruz. Aynı şekilde iyi olarak gördüğümüz bir durumun sonunda kötülükle karşılaştığımızı görürüz. Bu konuyla ilgili kıymetli bir hocamın benimle paylaştığı yaşanmış bir hikâyeyi sizlerle paylaşmak istiyorum... Yaşlı bir amca ağlayarak karakola gelir ve polislere şunları söyler:

"Polis evladım, ben fakir bir insanım. Benim gözleri görmeyen bir oğlum var. Başka şehirde bilgili bir doktor varmış. Öğrendim ki oğlumun gözlerinin tedaviyle görme ihtimali varmış. Fakat tedavi çok pahalı. Uzun süredir tedavi parasını biriktirdim. Oraya gidecek bir araba buldum. Allah'ın izniyle tekrardan gözleri görecek diye sevinirken hem arabayı hem de parayı çaldırdım."

Yaşlı amcanın yaşadığı bu sıkıntıyı düşünün. Evladının gözlerinin görmesi için uzun süredir zorluklarla biriktirdiği para çalınmıştı. Araba çalınmıştı. Artık çocuğu tedavi olamayacaktı. Büyük bir imtihanın içinde farklı farklı imtihanlarla karşılaşıyordu.

و

Günler sonra çalınan araba hasarsız ve terkedilmiş bir şekilde bulunur. Arabanın torpido gözünde para da durmaktadır. Bu güzel haberi vermek için hemen yaşlı amcayı karakola çağırırlar. Fakat yaşlı amcanın daha güzel haberleri vardır. Mutlu bir şekilde karakola gelerek; "*Oğlum hiçbir tedavi olmadan Allah onun gözlerini iyileştirdi. Allah'a hamdolsun bir anda gözleri görmeye başladı.*" der.

Görüyor musunuz? Belki tedavi olsaydı yapılabilecek küçük bir hatayla gözleri göremeyecekti. Allah'ın dilemesiyle hiçbir tedavi olmadan gözleri iyileşti. Üstelik hem araba hem de para bulundu.

Başımıza gelen kötü olayları çoğu zaman felaket olarak görüyoruz. Allah'a olan bağlılığımızın eksikliğiyle isyan edip Allah'ın rızasından uzaklaşabiliyoruz. Oysa Rabbimiz o kötü olayla birlikte bizlere iyilikler nasip ediyor. Bizim için en hayırlı olanı bildiği için bizleri daha büyük felaketlerden koruyor. Bizleri affetmek ve kendisine yönelmemiz için fırsatlar yaratıyor. Bu esasla ilgili olarak Kur'an-ı Kerim'de Rabbimiz şöyle buyuruyor:

"Olur ki (bazen) hoşunuza gitmeyen bir şey sizin için hayırlı olur ve hoşunuza giden bir şey de sizin için şer olur. (Hayırlı ve doğru olanı) Allah bilir, siz bilemezsiniz." (Bakara Suresi, 216. Ayet)

Bilemeyiz... Rabbimiz bilir. Bu yüzden samimi bir şekilde Allah'ın bizim için gönderdiği her şeyden razı olmamız gerekiyor. Sabretmemiz gerekiyor. Ne güzel söylemiş Hz. Mevlânâ:

"Maksada sabırla erişilir, aceleyle değil. Sabret, doğrusunu Allah daha iyi bilir." (Mesnevi, 1/4004)

Bizim için en doğrusunu en iyi Allah bilir. Bize düşen görev ise her zaman iyilik için çalışmak ve iyiliklerle karşılaşmayı ümit etmektir.

و

Başımıza gelen her olayın güzel tarafına bakmamız gerekiyor. Acı suyun da tatlı su gibi berrak olabileceğini, yaşadığımız tüm hadiselerin dış görünüşlerinin tam tersiyle neticelenebileceğini unutmamamız gerekiyor. Görünüşte hayırlı olan çok şey, arkasında bazı şerleri getirebilir. Şer gibi görünen olaylar da pek çok hayırları içinde barındırabilir. Rabbimizin bizim için uygun gördüğü her ne olursa olsun her zaman en isabetli, bizim için en hayırlı, en bereketli, en faydalı, tercih olduğuna gönülden inanmak gerekiyor.

Rüzgâr hangi yönden eserse essin, gönül rahatlığıyla karşılamak ve "Bunda da bir hayır vardır" diyerek (Hasbünallâhu ve ni'mel vekil) "Allah bize yeter, o ne iyi vekildir." inancıyla yaklaşmak bizim için en faydalı davranış olacaktır.

و

Sabır güzel bir iştir.
Her dertte ona
sığınmak gerek, her
gamı o giderir.

Hz. Mevlânâ

و

SABIR TAVSİYELERİ

Yaptığın küçük iyilikleri asla küçük görme.
Küçük iyilikler kalplerde büyük yer kaplar.
Allah'ın rızasını kazanmana vesile olur.

İyilik yapmayı aklından bile geçirsen sevap yazılıyor.
Karşılık beklemeden yaptığın her iyiliğin karşılığını fazlasıyla alacaksın. Seni, Allah'a yakınlaştıracak.

Sana göre imkânsız bile olsa hayallerinden vazgeçme.
Hiçbir yol engelsiz değildir. Hiçbir yol engebesiz değildir.
Hiçbir yol kolay aşılmaz. Yolun zorluğu; yolunu sevdirsin.
Çünkü o zaman istediğin şey değerli olacak.

Nasipten öte yol yok.
Nasipse tüm yollar sana açılır.
Nasip değilse bir adım bile gidemezsin.

Peygamber tavsiyesi:
"Bir işin üstesinden gelemediğin zaman, 'Allah bana yeter, O ne güzel vekildir.' de."
(Ebû Dâvûd, Kadâ', 28)

و

Sizi mutlu eden, Allah'a yakınlaştıran, iç huzurunuzu artıran, heyecanlandıran neyse onu şimdi yapın. Bütün bu güzel ve olumlu duygular için en güzel zaman şimdidir. Gelecekteki olası bir yaşam için bugününüzü ertelemeyin. Ertelemek kalbinizi yorar.

Saatlerce oturup daha önce binlerce defa konuştuğunuz konular hakkında tekrar tekrar konuşabildiğiniz kişi gerçek dostunuzdur. Kıymetini bilin!

Yabancı bir yazarın şu sözünü çok doğru buluyorum:
"Siz kendi yaşamınıza öncelik vermezseniz başkası verir."
Yaşadığımız hayattan kendi beklentilerimizi ve sınırlarımızı gene kendimiz çizmeliyiz. Başkalarının beklentileri bizi kendi sınırlarımızın ötesine geçmeye ve bunun sonucunda acı çekmeye ve hata yapmaya yöneltebilir. Başkasının ne beklentisine ne de övgüsüne ihtiyacımız var. Bize Rabbimizin rızası yeter.

"Dua ediyorum ama kabul olmuyor" diyen birisini gördüğümde "Demek ki dua etmemişsin" diyorum. Allah sana, "Allah" diyebilmeyi nasip etmiş. İnsanlara değil, sadece kendisine el açmayı nasip etmiş. Bundan daha büyük bir kabul olunmuşluk var mı?

و

Doğru zamanda doğru
üslupla konuşabilmek
için beklemektir sabır.

و

İMTİHAN

Bizleri İslam nimetiyle şereflendiren Allah'a sonsuz şükürler olsun. Kur'an-ı Kerim'de birçok defa vurgulanan bir gerçek de bu dünyanın bir imtihan yeri olduğudur. Enbiyâ Suresi, 35. Ayet'te Rabbimiz şöyle buyuruyor:

"Her nefis ölümü tadacaktır. Bir imtihan olarak sizi şer ile de hayır ile de deniyoruz. (Sonunda) ancak bize döndürüleceksiniz."

Bu dünya hayatının bir imtihan yeri olduğunu çokça hatırlamamız gerekiyor. Çünkü bunu bilmek ve bu şuurda yaşamak bizi Rabbimize yakınlaştırır. Rabbimize iyi bir kul olabilirsek bu imtihanı kazanacağız. Rabbimize karşı kulluk vazifemizi yerine getiremezsek bu imtihanı kaybedeceğiz. O hâlde dünya hayatının bir imtihan yeri olduğunu hatırlatan her şey, bizi bu şuurdan uzaklaştıran her şeyden daha hayırlıdır.

Sıklıkla unuttuğumuz bu gerçeği bize hatırlatan her şey bizim için gerçek bir nimettir. Gerçek bir nimettir çünkü bizi Rabbimize yakınlaştırır. Peki bizlere dünya hayatının imtihan yeri olduğunu hatırlatan o gerçek nimetler nelerdir? Kulluk bilinciyle ihlasla yerine getirdiğimiz ibadetlerimiz bize imtihanı hatırlatır. Yaşadığımız sıkıntılar, karşılaştığımız tüm zorluklar ve dertlerimiz bizlere bu imtihanı hatırlatır ve bizleri Rabbimize yakınlaştırır. O sebepten dolayı karşılaştığımız bütün olumsuzluklar bizim için gerçek bir nimettir. Hz. Mevlânâ'nın şu sözünü hatırlatmak isterim:

"Kimde dert varsa o, dermana ermiştir." (Mesnevi, 1/0162)

Tabii bütün bu olumsuzluklara karşı gösterdiğimiz tavra göre bu nimet bizim felaketimiz de olabilir. Tüm bu sıkıntılar Rabbimizden gelen, ve bize Rabbimizi hatırlatan kıymetli bir misafir gibidir... Misafir bereketiyle gelir. Karşılaştığımız sıkıntılara karşı gösterdiğimiz sabır; misafire ikram gibidir. Misafire ikram ise sadakadır. Misafire hürmet edersek karşılığını fazlasıyla alırız. Misafire karşı saygısızlık ise bizleri olumsuz etkiler. Misafir sürekli bizimle kalmaz gelir ve gider.

İbadetlerimizin bizlere dünya hayatının imtihan yeri olduğunu hatırlattığını vurgulamıştım. İbadetlerimizdeki hikmetleri düşündüğümüz zaman görüyoruz ki (bana göre en büyük hikmet) bizlere sabrı öğretiyor ve sabra alıştırmaya yöneltiyor. Mesela tuttuğumuz oruç ile açlığa ve nefsimizin isteklerine karşı sabrediyoruz. Beş vakit namaz kılmak sabır işidir. Sabah erkenden uyanıp abdest almak ve namaz kılmak sabır işidir. Rabbimiz, bütün bu ibadetler ile bizleri sabra alıştırıyor. Kur'an-ı Kerim'de birçok ayetle sabır öğütleniyor. Sabrı hayatına rehber edinen bir Peygamberin ümmeti olmamız. Bütün bunlar geçici dünya hayatında Müslümanın sabra çokça ihtiyacı olacağını gösteriyor. Bu sebepten dolayı sabrı hayatımıza şiar edinmeliyiz.

İnsanlığa örnek olarak gönderilen bütün Peygamberlerin hayatlarını incelediğimiz zaman imtihanlarla dolu olduğunu görebiliriz. Tüm Peygamberlere selam olsun; ateşlerin içerisine atılan Hz. İbrahim'in teslimiyetini düşünelim. Kendisini kurban etmek isteyen babasına karşı Hz. İsmail'in teslimiyetini düşünelim. Hz. Yakub'un oğlu Hz. Yusuf'u kaybetmesini ve bu imtihan ile gözlerini kaybetmesini düşünelim. Hz. Yusuf'un kardeşleri tarafında bir kuyuya atılmasını ve orada Rabbine olan teslimiyetini düşünelim. Hz. Eyyüb'ün yıllarca yaşadığı hastalığa karşı olan teslimiyetini düşünelim. Hz. Nuh'un karşılaştığı zorlukları düşünelim. Peygamberimiz Hz. Muhammed'in hayatını düşündüğümüz zaman hiçbirimizin yaşamadığı imtihanlarla karşılaştığını göreceksiniz. Bütün bu imtihanlara karşı gösterilen teslimiyetin sonucunda hep aydınlık vardır.

Karşılaştığımız tüm sıkıntıların birer imtihan olduğunu ve bizler için hayırlara vesile olacağını hiç unutmayalım. Bu imtihanlara karşı sabır, azim ve teslimiyet gösterirsek Allah'ın rızasını kazanacağımızın bilincinde olalım. "Sevgiliden gelen her şey sevgilidir" diyerek tüm dert ve kederlerimizi kıymetli bir misafirmiş gibi gönderenin hatırına samimi bir şekilde ağırlayalım.

Allah'ım bu dünya hayatının bir imtihan yeri olduğu bilincini gönlüme yerleştir. Beni, Sen'den gelen her şeye razı eyle.

و

Hiç düşündün mü?
Hz. Yakub neden
oğlu Yusuf ile imtihan
edildi? Çünkü
Hz. Yakub, oğulları
içinde en çok onu
seviyordu. Kişi
daima en sevdiğiyle

و

İMTİHANLA İLGİLİ AYETLER

Ey mü'minler! İtaat edeni isyan edenden ayırt etmek için) andolsun ki sizi hem biraz korku ve açlıkla hem de mallardan, canlardan ve ürünlerden eksiltmekle imtihan edeceğiz. (Ey Resulüm!) Sabredenlere (lütuf ve ihsanımı) müjdele! Öyle ki onlar, kendilerine bir bela geldiği zaman ancak: "Biz şüphesiz (her şeyimizle) Allah'a aitiz ve (sonunda) yine O'na döneceğiz." derler.
(Bakara Suresi, 155-156. Ayetler)

Allah (imtihan için rızkı kimine) daraltır, (kimine) de genişletir. (İşlerinizden ve kazandıklarınızdan hesap vermek üzere) ancak O'na döndürüleceksiniz.
(Bakara Suresi, 245. Ayet)

De ki: "Kesin delil, ancak Allah'ındır. Eğer O dileseydi, elbette hepinizi doğru yola kavuştururdu. (Ama O, size gücünüz dâhilinde sorumluluk verdi ve imtihan için sizi iradenize bıraktı.)" *(En'âm Suresi, 149. Ayet)*

Sizi (emirlerini yerine getirmede) yeryüzünün halifeleri/görevlileri yapan, size verdiği şeylerde sizi imtihan etmek için kiminizi kiminizden derecelerle üstün kılan O'dur. Şüphesiz ki Rabbinin cezası serîdir ve yine şüphesiz O, çok bağışlayan, çok merhamet edendir. *(En'âm Suresi, 165. Ayet)*

Andolsun ki biz, Süleyman'ı imtihan ettik de (şiddetli hastalığı sırasında onu) tahtının üstüne bir ceset (gibi) bıraktık. (Bir müddet) sonra o yine (bize bağlılığı sayesinde eski sağlığına) döndü. *(Sâd Suresi, 34. Ayet)*

O, ölümü ve hayatı, amel/davranış bakımından hanginizin daha güzel olacağını imtihan etmek için yarattı. O mutlak galip, çok bağışlayandır. *(Mülk Suresi, 2. Ayet)*

Doğrusu mallarınız ve evlatlarınız (sizin için) bir fitne (bir imtihan konusu)dur. Allah'ın katında ise büyük mükâfat vardır. O hâlde gücünüz yettiği kadar Allah'tan korkup emirlerine uygun yaşayın (emir ve yasaklarını) dinleyin, itaat edin ve kendi iyiliğinize olarak (Allah yolunda mallarınızı) harcayın. Kim de nefsinin cimriliğinden korunursa, işte onlar, kurtuluş ve saadete erenlerin ta kendileridir. *(Teğabün Suresi, 15-16. Ayetler)*

İnsanlar (dünyada Allah'a ibadet ve itaat etmeden, çeşitli çile ve güçlüklerle, bazen de verilen bol mal ve refah ile) imtihan edilmeden (sadece) "inandık" demeleriyle bırakılacaklarını mı sandılar? *(Ankebût Suresi, 2. Ayet)*

(Ey Resulüm!) Biz senden önceki peygamberleri başka (türlü) göndermedik. Onlar da mutlaka yiyip içer, çarşı (pazar)larda dolaşırlardı. Siz (insanlar)ı birbirinize (durumlarınızın farklılığıyla) bir imtihan (konusu) yaptık. (Bakalım bu farklı durumlarınıza) sabredecek misiniz? Rabbin (her şeyi) hakkıyla görendir.
(Furkân Suresi, 20. Ayet)

Andolsun ki mallarınız ve canlarınızla (fedakârlığa katlanma) hususunda imtihan edileceksiniz; ve (üstelik) sizden önce kendilerine kitap verilmiş olanlardan ve müşriklerden çok incitici şeyler işiteceksiniz. Eğer sabreder ve takvâ üzere olursanız, elbette bu (davranış), yapılacak işlerin en değerlisidir.
(Âl-i İmrân Suresi, 186. Ayet)

Doğrusu biz, insanı (kudretimizi gösterelim ve teklifimizle) imtihan edelim diye (erkekteki çeşitli unsur ve salgılar içindeki genetik kısmın, yumurtadaki genetik kısımla) karışmış bir nutfe (zigot)tan yarattık da onu (insanı) işiten ve gören bir varlık yaptık.
(İnsan Suresi, 2. Ayet)

Bilin ki mallarınız ve çocuklarınız (size hem emanet, hem de, sizi günaha sürüklemek bakımından) bir fitne (bir imtihan)dır. Ama (bunlarda İslamî ölçü ve görevlere uyulursa) büyük mükâfatın Allah katında olduğunu da bilin. *(Enfâl Suresi, 28. Ayet)*

Doğrusu bu (Nuh kıssası)nda nice ibretler vardır. Biz (insanları) elbette imtihan etmekteyiz. *(Mü'minûn Suresi, 30. Ayet)*

Arş'ı su(dan ibaret olan kâinat) üzerinde (her şeyi kuşatmış) iken, hanginizin amelinin (sevapça) daha güzel olacağı hususunda sizi imtihan etmek için gökleri ve yeri altı günde/devirde yaratan O'dur. *(Hud Suresi, 7. Ayet)*

Ey Müslüman, edep
nedir diye arar
sorarsan bil ki edep,
ancak her edepsizin
edepsizliğine sabır
ve tahammül
etmektir.

Hz. Mevlânâ

و

TEDBİR

Hastalığa yakalanmamak için çeşitli tedbirler alırız. Soğuk havalarda daha sıkı giyiniriz. Temizliğimize ve beslenmemize özen gösteririz. Aşılar yaptırırız. Tüm bu tedbirler gibi başımıza gelecek bela ve musibetlere karşı da çeşitli tedbirler alabiliriz. Daha sıkıntılarla karşılaşmadan onları yolumuzdan silip süpürebilecek dört güzel ibadetten bahsedeceğim. Bunlar besmele, sadaka, abdest ve duadır.

BESMELE

Peygamberimiz (sallallahu aleyhi ve sellem) şöyle buyuruyor:

"Yüce Allah'ı anarak başlanmayan her anlamlı söz veya iş, bereketsizdir/sonuçsuzdur."

Bir işe başlamadan önce manasını bilerek muhabbetle samimi bir şekilde "besmele" çekersek (yani "bismillâhirrahmânirrahîm" dersek) o iş bereketlenir. Bizim için sonu hayırsız olacak bir iş (biz bilemeyiz Allah bilir), başında söylenen "besmele" sayesinde (Allahın izniyle) hayırlı bir hâle gelir. Zor olan bir iş (Allahın izniyle) "besmele" sayesinde kolaylaşır. Karanlıklar "besmele" ile aydınlanır. Diğer bir

و

Hadis-i Şerif'te Allah Resulü şöyle buyuruyor:

"Evine gidiğin zaman besmele çekerek kapını kapa. Çünkü şeytan besmeleyle kapanan bir kapıyı açamaz."

"Besmele" başımıza gelecek bela ve musibete karşı en büyük korumamızdır. Bir iş yaptığımızda Allah'ın rızasını kazanmayı umut ettiğimizi gösterir. Her an Allah'ın yardımına muhtaç olduğumuzun itirafıdır. Her an Allah'ı hatırlatır. Bizleri Allah'a yakınlaştırır. Hakkıyla muhabbetle çektiğimiz bir "besmele" dünyamızı güzelleştirir.

Her şeyin başında samimi bir şekilde söyleyeceğimiz "besmele", karşılaşacağımız tüm olumsuzluklara karşı (Allah'ın izniyle) harika bir tedbirdir. O hâlde Rabbimizin sevdiği ve Peygamberimizin sünneti olan "besmele"yi gönlümüzde benimsememiz gerekiyor. Gönlümüzde oluşturacağımız diri bir "besmele" farkındalığı bizlere çok fayda sağlayacaktır. Ayrıca her "besmele" Müslüman için yeni bir başlangıçtır. Her zaman yeniden ayağa kalkabilmemiz için elimizden tutan ilk dosttur. Mevlid'i Şerif'in müellifi Merhum Süleyman Çelebi (Allah ondan razı olsun) ne güzel ifade etmiştir:

"Her nefeste Allah adın de müdâm (sürekli)
Allah adıyla olur her iş tamam."

SADAKA

Peygamber Efendimiz şöyle buyuruyor:

"Sadaka belayı defeder."

İkinci tedbir, sadakadır. Allah rızası için verdiğimiz sadakalar sayesinde (Allah'ın izniyle) huzurlu bir hayat yaşayabiliriz. Çünkü hiçbir bela ve musibet sadaka engellini aşarak (Allah'ın izniyle) bize ulaşamaz. Veya sadaka karşımıza çıkacak tüm engelleri (Allah'ın izniyle) ortadan kaldırır. Bu yüzden büyük bir faciadan kıl payı kurtulduğumuz zamanlarda 'verilmiş sadakan varmış' cümlesini çokça duyarız.

O hâlde hayatımıza kazandırmamız gereken farkındalıklardan birisi de sadaka farkındalığıdır. Bu farkındalığı kazanmak için sizlerle bazı yöntemler paylaşacağım... Evinizden çıkarken gözünüze çarpacak; kolayca görebileceğiniz bir yere bir tane kumbara koyun. Kumbaranın üstüne büyükçe "SADAKA" yazın. Her sabah evden çıkmadan önce o kumbaraya en az bir lira (imkânınız varsa daha fazla) atın. Ama niyetiniz samimi bir şekilde şu olsun; "Bu verdiğim sadaka Rabbimin sevgisini ve rızasını kazanabilmem içindir." Evden çıktığınızda yaşayacağınız o zevki kelimelerle anlatamam. "Allah'ım! Senin rızanı kazanmak için verdiğim bu sadaka, bugün karşıma çıkacak tüm engelleri aşmamda bana yardımcı olsun." gibi dualar gönlünüzden dilinize samimi bir şekilde akacaktır. Haftalık veya aylık olarak sadaka kumbaranızda biriken parayı sadaka olarak verin. Çok faydalı işler yapan kurumlara bağışta bulunabilirsiniz. Tabii sadaka vermenin çeşitli usulleri vardır. Yapılan yardımların gizli olanı en makbul olanıdır.

Eğer bu şekilde sadaka vermeye imkânımız yoksa Allah Resulü'nün şu hadis-i şerifi bize yol gösterebilir; "Her iyilik/güzel iş bir sadakadır." Zaten Müslümanın her zaman iyi bir insan olması gerekiyor. Ama bunun bir ibadet olması bilinciyle yaşaması onun kalbinde "sadaka" farkındalığını artıracaktır. Sabah evden çıkmadan veya evden çıktıktan sonra, "Hemen bir iyilik yapayım da Allah'ın rızasını kazanayım. Hem de sadaka yerine geçer ve (Allah'ın izniyle) işlerimin bereketli geçmesine vesile olur." niyetinde olursak, inşallah bütün bela ve musibetlerden uzaklaşmış oluruz. Bu hareketimiz bizi Rabbimize yakınlaştırır. Sosyal çevremizde ilişkilerimizin düzelmesine vesile olur. Güzel dinimiz İslam'da, tebessüm etmek bile sadakadır. Hiçbir iyilik yapamazsak bile sırf bu niyette olursak; merhameti sonsuz olan Rabbimiz, o iyiliği yapmışız gibi sevap yazar. İyilik yapmaya fırsat bulamadığımız hâlde kötülükten uzak durmamız bile sadakadır.

Sadakanın faziletleri çok fazladır. Kulun, Allah rızasını kazanmayı kendisine vazife edindiğinin en önemli göstergelerindendir. Peygamberimizin sünnetidir. Bizleri Rabbimize yakınlaştıran bu ibadet aynı zamanda önemli bir şükür ifadesidir. Hatalarımızın affedilmesine ve taş kalplerimizin yumuşamasına vesile olur. Hz. Mevlânâ şöyle der:

"Yıllarca gönüller yırtan, kalplere elem veren taş oldun; bir tecrübe et, bir zaman da toprak ol!" (Mesnevi, 1/1912)

En güzel çiçekler toprakta yetişir. Sadaka vermek verimsiz kalplerimizi verimli hâle getirir. Bu tedbiri yani sadakayı ömrümüzde önemli bir farkındalık haline getirmemiz gerekiyor.

ABDEST

Bir diğer önemli tedbir ise sürekli abdestli gezmeye önem göstermektir. Abdestli gezdiğimiz zaman şeytan yanımıza yaklaşamaz. Hakkıyla, acele etmeden, özenle, Peygamber Efendimiz'in aldığı gibi abdest alan birisi, Allah tarafından koruma altındadır. Abdestli olan birisinin ayakları yere daha sağlam basar. Bununla birlikte abdest almak maddi ve manevi bütün kirlerden temizlenmemize vesile olur. Olumsuz duygulardan kalbimizi temizler. Negatif enerjimizi alır. Hata ve günahlardan bizleri arındırır.

O hâlde sürekli abdestli gezmeye önem gösterelim. Abdest almadan evimizden çıkmayalım. Gece yatağa girerken abdest alalım. Bunu yaparken niyetimiz Allah rızasını kazanmak olsun. Bu niyetle abdestli gezmeye özen gösteren Müslümanların, cennette Kevser Havuzu başında karşılanacağı Peygamberimiz tarafından müjdeleniyor. İnşallah yaptığımız bu ibadet bizi Allah'a yakınlaştıracaktır. Abdest alırken suyu israf etmemeye özen gösterelim.

DUA

Karşımıza çıkacak bela ve musibetler daha önümüze çıkmadan onlara karşı alabileceğimiz en önemli tedbirlerden birisi de duadır. Duanın başa gelen derdi, belayı kaldırmaya, gelecek olanı da önlemeye gücü vardır. Peygamberimiz bu hususla ilgili şöyle buyuruyor:

"Dua, başa gelen ve henüz gelmeyen belaya karşı fayda sağlar. Öyleyse ey Allah'ın kulları, duaya sarılın!"

Duaya sarılmak bizleri sıkıntılardan emin kılar. Sıkıntılara karşı Müslümanın en önemli silahı duadır.

İbadetin özü olan dua sayesinde, Allah katında değer kazanırız. Nitekim Rabbimiz Furkan Suresi 77. ayette şöyle buyuruyor:

"(Resulüm!) Dua (ve ibadeti)niz olmasa, Rabbim size ne diye değer versin?"

Dua, Rabbimizin büyüklüğünü samimi bir şekilde dile getirme, O'na yalvarma, Sadece O'ndan isteme, hamd etme, şükretme; O'nu övme ve aynı zamanda O'na karşı sevgi ve saygı sunma ifadesidir. Bu sebepten Allah katında duadan daha kıymetli bir şey yoktur.

Rabbimiz, Kur'an-ı Kerim'de, "Bana dua edenin duasına icâbet eder (kabul eder)im." buyurarak vaatte bulunmuştur. Şüphesiz O'nun vaadi haktır. Bununla ilgili Prof. Dr. Mahmud Esad Coşan Hocaefendi (Allah ondan razı olsun) bir makalesinde şöyle yazmıştır; "Kul dua edince muhakkak bir şeyler kazanır, onun duası karşılıksız

و

bırakılmaz. Ya dilediği şey kendisine bahşolur ya bir günahı bağışlanır ya da sevabı ahirette verilmek üzere muhafaza olunur."

Yani dua eden kulun eli hiç boş dönmez. Dua eden kul her zaman kazançlıdır. O hâlde daha sıkıntı ve belalar başımıza gelmeden dua ile Rabbimizden yardım istememiz bizim için faydalı olacaktır. Bu hususla ilgili şu an gönlüme düşen duayı sizlerle paylaşıyorum:

> *"Allah'ım! Ben Sen'in kulunum. Benim kaderim Sen'in elindedir. Senin kararın benim için tek gerçektir. Ne karar vermişsen o adaletlidir. Senden gelen her şeye gönlümün razı olması için bana yardım et. Şüphesiz Sen kullarına zulmetmezsin. Esmaül hüsna hürmetine beni bela ve musibetlerden koru. Basit dertlerle beni meşgul etme. Beni Kur'an-ı Kerim ve Peygamberinin sünnetleriyle meşgul et. En büyük derdim bunlar olsun. Âmin!"*

Acele şeytanın
hilesidir. Sabır ve
tedbir, Allah'ın
lütfu.

Hz. Mevlânâ

و

REÇETE

Sıkıntıların etrafımızı sardığı, gönlümüzün daraldığı ve çaresiz hissettiğimiz zamanlarda neler yapabiliriz? Eminim bu tür durumlara karşı hepimizin özel tedbirleri vardır. Kendi reçetemi sizlerle paylaşmak istedim...

1. Ruhun şifası Kur'an-ı Kerimdir. Kendimi kötü hissettiğim zamanlarda Kur'an okumaya gayret gösteririm. Bunun için bahçe veya balkon gibi açık alanları tercih ediyorum. Hem Arapça hem de Türkçe mealini sesli bir şekilde okuyorum. Sırf kötü hissettiğim için camiye gidip orada Kur'an okuduğum zamanlarım oldu. Gerçekten daralan gönlüme şifa olduğunu hissediyorum. Kur'an-ı Kerim'in en güzel özelliklerinden bir tanesi de yol gösterici olmasıdır. Bununla ilgili olarak Rabbimiz şöyle buyuruyor:

"Gerçekten bu Kur'an, (insanlara) en doğru olan yolu gösterir"
(İsrâ Suresi, 9. Ayet)

Bir başka ayette ise Rabbimiz bize şöyle seslenmektedir:

"Ey insanlar! Rabbinizden size, bir öğüt, gönüllerde olan (kötü duygulara, batıl inançlara, dert ve sıkıntı)lara bir şifa, inananlara bir yol gösterici ve bir rahmet (olan Kur'an) gelmiştir."
(Yunus Suresi, 57. Ayet)

و

Kendinizi kötü hissettiğiniz zaman ruhunuzun ferahlaması için Kur'an-ı Kerim okumanızı tavsiye ediyorum. Hem gönlünüze şifa olacak hem de size yol gösterecektir.

2. Peygamberimiz (sallallahu aleyhi ve sellem) sıkıntılı bir durumla karşılaştığı zaman namaz kılarmış. (Ebû Dâvûd, Tatavvu', 22) Hatta bir keresinde Hz. Bilâl-i Habeşi'ye şöyle seslenmiş:

"Kalk Bilâl, ezan oku! Bizi namaz ile rahatlat."
(Ebû Dâvûd, Edeb, 78)

Şüphesiz bizler için en güzel örnek Peygamberimizdir. Ben de beni üzecek bir durumla karşı karşıya kaldığım zaman hemen abdest alıp namaza durmaya gayret gösteriyorum. Karmaşık dünyevî koşuşturmalarıma kısa bir mola vererek Allah'a yönelmek gönlüme huzur veriyor. Secdede Rabbime çok yakın hissediyorum kendimi. Tam bu tür durumlarda namaz kılarak aslında kendime şunu itiraf ediyorum; "Benim sığınacak tek limanım Sen'sin Allah'ım. Dertlere, sıkıntılara, kederlere, olumsuzluklara asla boyun eğmem... Sadece Sen'in önünde eğilirim Allah'ım!"

Cennetin anahtarı olan namaz ruhumuzu temizler. Namazlarımızı kılmaya özen gösterelim. Bununla birlikte kendinizi kötü hissettiğiniz anlarda hemen namaza sarılmanızı tavsiye ederim.

3. Dua, derdimizi Rabbimize anlatmamızdır. Fakat şikâyet edercesine değil. Samimi bir şekilde yardım istemeye gayret gösteriyorum. Benim gönlümü en çok rahatlatan dualar kendi cümlelerimle o an ki duygularımla yaptığım dualar oluyor. "Şu durumda hangi duayı okumam gerekiyor?" veya "Sınavımı geçmem için hangi duayı okumamı tavsiye edersiniz?" gibi birçok soruyla karşılaşıyorum. Kendi halini kendi cümlelerinle Rabbin ile paylaşmak daha samimi geliyor bana. Daha tesirli olduğunu hissediyorum. Kısa kısa dualar değil gerçekten dua için vakit ayırmaya özen gösteriyorum böyle anlarda. Hatta gözyaşı için çabalıyorum. Şüphesiz dua ettiğimiz zaman Rabbimiz duamıza icabet eder. Kendimizi kötü hissettiğimiz zaman ellerimizi semaya açarsak gönlümüzün huzur bulduğunu görürüz.

4. Allah'ı anmak huzura götürür. Aslında ilk üç maddeyi kapsayan bir ibadetten bahsediyorum; zikir. Rabbimiz şöyle buyuruyor; "Şunu iyi bilin ki gönüller (ancak) Allah'ı anmakla huzura kavuşur." (Ra'd Suresi, 28. Ayet) Bu tür durumlarda elime tesbih alıp sessizce bir kenara çekilerek sayısız bir şekilde sadece "Allah" demekle gönlüm huzur doluyor. Genelde gözlerim kapalı oluyor. Ama güzel bir manzara bulursanız onu izleyerek veya gökyüzünü seyrederek zikir yapmanızı tavsiye ederim.

5. Bu tür durumlarda bir saat yürüyüş yapmak bedenimi ve ruhumu çok dinlendiriyor. Düşünmek için vaktim oluyor. Kötü enerjimi atmama fayda sağlıyor. Temiz havayı içime çekiyorum. Genelde yeşil alanları tercih ediyorum. Yürüyüş yaparken müzik de dinliyorum.

6. Annemi arıyorum. Sıkıntımdan bahsetmesem bile hemen derdimden anlıyor. Annemle aramızda ülkeler olduğundan sadece sesini duymak bile bana iyi geliyor. Sizler de uzaktaki yakınlarınızı arayabilirsiniz. Derdinizi anlatabilirseniz elbette güzel olur ama anlatamıyorsanız seslerini duymanız bile iyi gelecektir.

7. Instagram'da sayfama gelen mesajlara cevap vermeye çalışıyorum bu anlarda. Genelde sizlerin dertlerini dinliyorum. Bu bana yalnız olmadığımı, tek sıkıntı çeken insanın ben olmadığımı söylüyor. Sizler de sıkıntılı anlarınızda başkalarının sıkıntılarını gidermeye çaba gösterebilirsiniz. Allah rızası için Müslüman kardeşinin bir sıkıntısını

gideren birisinin sıkıntısını da Allah giderir.

8. Mekân değiştirmeye gayret ediyorum. Seyahatler kendimi bulmama fayda sağlıyor. Bu evden çıkıp camiye yürümek de olabilir, bir otobüse binip şehir değiştirmek de...

9. Her şeyi şükürle karşılamaya çalışıyorum. "Bunda da vardır bir hayır diyerek" kendimi teselli etmeye çalışıyorum. Yani sıkıntıya olan bakış açımı değiştirmeye çalışıyorum. Rabbimden gelen her şey benim için kıymetlidir.

10. Peygamberimizin ve Peygamberlerin yaşamış olduğu sıkıntıları düşünüyorum. Onlar hakkındaki kaynakları araştırıyorum. Onlar Allah'ın en çok sevdiği kullar değiller mi? En büyük imtihanlarla onlar karşılaşmamışlar mı? Çoğu zaman benim yaşadığım sıkıntılar, onların yaşadıklarının yanında küçük kalıyor.

11. Toprak ile vakit geçiriyorum, bahçeyi suluyorum, mahsulleri inceliyorum, yabancı otları temizliyorum. Yakın zamanda canımı sıkan bir durum olduğunda çimenlerin üzerine oturdum, elime küçük bir kürek aldım ve toprağı kazmaya başladım. Gerçekten bana iyi geldi.

12. Mesnevi okuyorum. Beni benden alıyor, çok uzaklara bir yerlere götürüyor gerçekten. Gönlüme teselli veriyor. Bu tür durumlarda gönlünüze huzur veren tüm kitapları okuyabilirsiniz.

و

Sabretme ezasına
uğramadıkça
karşılığında bir
hayır ve mükâfat
elde edemezsin.

Hz. Mevlânâ

و

RIZKI ALLAH VERİR

Hiç karmaşık değil (olması gerektiği gibi sade), beyaz bir kâğıdın üzerinde güzel bir el yazısıyla şöyle yazıyordu; "Rızkı Allah verir." Bu yazıyı kendi el işleriyle (örgü işleri yaparak) geçimini sağlayan bir teyzenin tezgâhında gördüm. Her zaman hızlıca geçtiğim yerde duraksayarak el emeği göz nuru ürünleri inceledim. Emeğin karşılığında özenle hazırlanmış ürünler, alın teri ve teyzenin samimiyetiyle birlikte manevi bir huzur vardı tezgâhta. Benim içinse belki en iyi üniversitelerde bile öğrenemeyeceğim önemli bir ders... Peygamber Efendimiz'in (sallallahu aleyhi ve sellem) şu sözü aklıma geldi:

"Hiç kimse kendi el emeğinden daha hayırlı bir lokma yememiştir."

En hayırlı lokma insanın kendi el emeği ve alın teriyle helâl yoldan kazandığı lokmadır. Şüphesiz rızkı veren Allah'tır. Ancak rızkı kazanmak için çaba sarf edecek olan insandır ve insanın bu çabası helâl yoldan olmalıdır. Bize bahşedilmiş rızkı elde etmek için her zaman karşımıza iki yol çıkar: Bu yollardan birisi helâl yoldan kazanılan, diğeri ise haram yoldan kazanılan rızık yoludur. Bu yollardan hangisini almamız gerekiyor diye sorsam; herhâlde aklı selim, gönlünde Allah sevgisi olan, vicdanlı bir kişi, "helâl yoldan kazanılan rızık yolunu" diye cevap verir. Çünkü bu yol, Allah'ın sevdiği yoldur. Ama bu yolu tercih etmeyen, "eğer helâl yolu tercih edersem bu kadar fazla veya çabuk kazanamam" diye düşünen insanlar da çoktur.

İnsanın rızkı Allah tarafından belirlenmiştir. Onu artırmak veya azaltmak insanın elinde değildir. İstediği kadar çaba göstersin nasibi kadar kazanır. Nasibinden bir kuruş fazlası insana gelmez. Nasibinden bir kuruşta eksilmez. O hâlde her iki yol da aynı yere gider. Bu yollardan doğru veya yanlış olanı tercih etmek ise bizim elimizdedir. Helâl yoldan kazanmakta bizim elimizde, haram yoldan kazanmakta bizim elimde. Bununla ilgili çok önemli dersler çıkarmamız gereken şu olayı sizlerle paylaşmak istiyorum;

Bir gün Hz. Ali Efendimiz (Allah ondan razı olsun) namaz kılmak için Küfe mescidine gitmişti. Atını bağlayacak bir yer bulamadığı için orada duran bir adamdan atının ipini tutmasını istedi. Dönemin halifesi ve Peygamber Efendimizin damadı olan Hz. Ali'nin atının ipini tutmak bile ne büyük şereftir. Daha sonra mescide girerek namazını kıldı. Mescitten çıkmadan önce atını tutan adama bahşiş vermek üzere kesesinden beş dirhem ayırdı. Dışarı çıktığında ise ortalıkta ne adam ne de at vardı. Hemen çevrede bulunan insanlar atı aramaya koyuldular. Hz. Ali'nin atı biraz ileride bulundu fakat atın dizginleri yoktu. Yani kendisine at emanet edilen adam dizginleri çalmıştı.

Hz. Ali Efendimiz atına yeni dizgin almak için dizginciye gittiğinde kendi atının dizginini gördü. Hırsız adam dizginleri o dizginciye beş dirheme satmıştı. Durumu dizginciye anlatan Hz. Ali, beş dirheme kendi dizginlerini tekrar satın aldı.

Bu ibretlik hadiseden sonra Hz. Ali halkı etrafına toplayarak onlara şöyle seslendi:

"Ey Allah'a inananlar! Bugün yaşadığım bu olaydan çok önemli dersler çıkarmamız gerekiyor. Ben bir adama atımı tuttuğu için beş dir-

hem bahşiş verecektim. Cebine helâl yoldan beş dirhem girecekti. Ama o atımın dizginlerini çalarak beş dirheme sattı. Onun cebine helâl yoldan girecek rızık haram yoldan girmiş oldu. Benim kesemden ise beş dirhem eksilecekti ve eksildi. Dizginci ise beş dirheme aldığı dizgini yine beş dirheme sattı. Onun rızkında da değişen hiçbir şey olmadı. Allah'tan size gelecek veya sizden eksilecek rızık asla değişmez. Nasibiniz olan şüphesiz sizi bulacaktır. Önemli olan nasibinize ulaşacağınız yoldur."

Bu olay bizler için harika bir nasihattir. Mesleğimiz ne olursa olsun rızkımız Allah tarafından belirlenmiştir. Haram yoldan milli piyangodan çıkacak yüklü bir miktar para eğer bizim rızkımız ise şüphesiz helâl yoldan da bir şekilde bize ulaşacaktır. Önümüzde her zaman iki tercih vardır; bir tarafta Allah'ın rızası, diğer tarafta ise Allah'ın gazabı. Bir insan önüne iki tane ihtimal çıktığı zaman Allah'ın rızası tarafını seçebiliyorsa Allah'ın sevdiği kuldur. Allah'ın rızasını tercih etmemiz gerekiyor.

Ayrıca rızkımız Rabbimiz tarafından belirlenmişken kalbimizi gereğinden fazla yormamızın gereği yoktur. Rızık stresi kalbimizi çok yoruyor. Bu hususla ilgili Peygamber Efendimiz şöyle buyuruyor; "Yaşadığınız sürece rızık konusunda ümitsizliğe düşmeyin." Bu konuda ümitsizliğe düşmek kalbi çok yoruyor. Bizim görevimiz hakkıyla Allah'a güzel kul olmaktır. Rızkımızı da Allah verdiğine göre, tevekkülle dolu bir kalple Allah'a kulluk vazifemizi yerine getirmemiz gerekiyor.

Kur'an-ı Kerim'de Rabbimiz şöyle buyuruyor:

"Şüphesiz Allah'tan başka taptıklarınızın size rızık vermeye güçleri yetmez. O hâlde rızkı Allah katında arayın, (ibadet ve itaatle ancak) O'na kulluk edin ve O'na şükredin. Siz ancak O'na döndürüleceksiniz."

و

Rabbimizin asla sona ermeyecek sultanlığı varken, rızık için başka sultanlıklardan veya rızkımızın daralmasından korkmamıza gerek yoktur. Bizim rızkımız zaten er-Rezzak olan Rabbimiz tarafından ayrıldı. Bizim için ayrılana ulaşmak için helal yollardan gayret gösterelim yeter. Gayret gösterirken kalbimiz Rabbimize karşı tevekküle dolu olsun. Ve en önemlisi nasibimize yani Rabbimizin bizim için ayırmış olduğuna her zaman razı olmaya çalışalım. Eğer razı olursak bedenimiz ve kalbimiz ferahlıklarla dolarak iç huzura kavuşur. Aksi hâlde dünyalık dertler bizi sarar. Dünya için çabalar dururuz; hem bedenimiz hem de kalbimiz yorulur. Ama ne kadar çabalarsak yine nasibimiz bize ulaşır. "Nasipten öte yol yoktur" derler ya hani, ne güzel demişler.

Rızkın bereketlenmesine vesile olan ibadetler:

1. Kazancın helâl olmasına özen göstermek.
2. Akrabalık ilişkilerine önem vermek. Ziyaret etmek, arayıp sormak. Gerektiğinde maddi ve manevi yardımda bulunmak.
3. Günahlara çokça tövbe etmek.
4. Allah'tan gelen her şeye her fırsatta şükretmek.
5. Kur'an-ı Kerim'i anlamıyla birlikte çokça okumak.
6. Sabah erken uyanmak.
7. İsraf etmemek.
8. Allah'a hakkıyla tevekkül etmek.
9. Aile ahalisini ihmal etmemek.
10. Namazdan sonra okunması sünnet olan tesbihatı terk etmemek. (33 defa Subhanallah, 33 defa Elhamdulillah, 33 defa Allahu ekber)
11. Zekatını tam, hatta fazlasıyla vermek.
12. Misafir kabul etmek ve ikramda bulunmak.

و

Her istediğine
kavuşan çocuk
sabırsız ve doyumsuz
olur. Huzur dolu
bir toplum için
çocuklarımıza sabrı
öğretelim.

و

ŞÜKÜR ÜZERİNE

Nimete şükretmek, nimetten daha hoştur. Şükrü seven kişi, hiç şükretmeyi bırakır da nimet sevdasına düşer mi? Şükür, nimetin canıdır, nimetse deriye benzer. Çünkü seni sevgiliye kadar ulaştıran şükürdür.
(Mesnevi, 3/2895)

Nimet, insana gaflet verir; şükürse uyandırır.
(Mesnevi, 3/2897)

Şükretmeyenden güzellik de kaybolur, hüner de, sanat da... Artık bir daha ondan bir eser bile görünmez.
(Mesnevi, 5/0997)

Sadece şükür ehliyle vefa sahiplerinin elde ettikleri kaybolmaz. Çünkü talih, onların peşinden gelir.
(Mesnevi, 5/1000)

Size iyilikte bulunan birine teşekkür etmek,
Allah'a şükretmekten ibarettir.
Çünkü Allah, o ihsan sahibini ihsana eş kılmıştır.
Ona teşekkür etmemek, Allah'a şükretmemektir.
Onun hakkı şüphe yok ki Allah hakkı demektir.
(Mesnevi, 6/3252)

Yiyip şükreden kimse sabrederek oruç tutan kimse gibidir.
(Hadis-i Şerif - Tirmizî, Sıfâtü'l-kıyâme, 43)

Eğer şükrederseniz elbette size (nimetimi) arttırırım.
Eğer nankörlük ederseniz gerçekten azabım çok şiddetlidir!
(Kur'an-ı Kerim - İbrâhîm Suresi, 14/7)

و

Yaşlı bir teyze hastaneye gelmişti. Kendisine ne şikâyeti olduğunu sordum. "Estağfurullah, bir şikâyetim yoktur. Sadece bazı rahatsızlıklarım var" dedi. Sabır, şikâyeti terk etmektir.

و

DOST SEÇME SANATI

Eftal Orhan'dan alıntıdır...

İnsan ancak dostları kadar büyür, dostları kadar gelişir.
İnsanın çapı, dostlarının çapı kadardır.
Bir insanla dost olmak, geleceğinizi o insana emanet etmektir.
Dostlarımızın, boyasıyla boyanır, ahlakı ile ahlaklanırız.
Kişinin kalitesini, dostları belirler.
Kim olduğunu bilmek isterse, kimlerle dost olduğuna bakmalı insan.
Adaletin önderi Hz. Ömer'in (Allah ondan razı olsun) dediği gibi:

"Kişinin dostu; aklının kılavuzudur."

Herkes, kendi "ayarına", aklına göre dost edinir.
Her kuş kendi cinsiyle uçar.
Kartallar kartallarla... Kargalar kargalarla.

Hayallerini, umutlarını, hedeflerini gerçekleştirmene destek veren, seni yüreklendiren, sana omuz veren, seninle aynı yöne bakan, aynı değerlere sahip insanlarla dost olmalı.

Akıllı insan, kime akıl danışacağını bilen insandır.
Akıl danışacağın insanlarla dost ol.

و

İnsan hayatında mutlaka, kendine öğüt veren gerçek dostları olmalı. Çünkü gerçek dostlar, insanın "hayat sigortasıdır."

Nasıl bir insan olmak istiyorsan, öyle insanlarla dost ol. Hayat, yanlış insanlarla harcanacak kadar ucuz değildir.

Bir kişi, ilişkilerinde, hep sosyal statüsüne sığınıyorsa, "karakter kıtlığı" yaşıyor demektir. Karakteri kıt insan, dostluktan uzak insandır. Sosyal statüsüne göre dostluk kurmak, çıkar arkadaşlığı kurmaktır. Gerçek dostluk statü kabul etmez. Dostlukta, kast sistemi olmaz.

Yüreği temiz insanlarla dost ol.

Edindiğin dostların fikirleri kirliyse, senin "kalbin ve fikirlerin" ne kadar temiz olursa olsun, er ya da geç senin de kalbin ve fikirlerin kirlenir. Duygular gibi, değerler ve inançlar da kişiden kişiye sirayet eder.

Doğru yolu yanlış insanla yürürsen, yolunu da doğrunu da kaybedersin.

Bir dostta, neyi aradığını bilmiyorsan, kiminle dost olduğunun ne önemi var. Niçin sevdiğini bilmiyorsan, kimi ve neyi sevdiğinin ne anlamı var.

Bir insana yaptığın fedakârlık, sevgisini değil de "istismarını" artırıyorsa; bu, onun sadece fedakârlığa layık olmadığını göstermez; aynı zamanda, onun ne kadar "ahmak" olduğunun da göstergesidir. Fedakârlığı, iyiliği, merhametliği, sevgiyi istismar eden kişi, "ahmağın" ta kendisidir. Vefa, sadece "asil ruhlu" insanlarda bulunan bir özelliktir. Vefası olmayan, duygularını istismar eden ahmak adamdan uzak dur.

Kendisine yapılan bir iyilik karşısında, teşekkür etmeyen ve kendisinin yaptığı hatadan dolayı, özür dilemeyen insanlardan uzak dur... Çünkü teşekkür etmemek ve hatalarından dolayı özür dilememek, "iflah olmaz bir kibrin" göstergesidir...

Asla dikene de güle de aynı değeri verme. Bu senin gülü de dikeni de tanımadığını gösterir. Usta şair İsmet Özel'in deyimiyle; "Karlı bir gece vakti uyandıracağın" dostlar bul kendine.

Bir insanla birlikte olduğunda, mutlu hissetmen ve zevk alman seni aldatmasın. Gerçek dostlukta, bundan daha fazlası gerekir. Yanında bulunduğunda, "iç huzursuzluğu hissettiğin" insandan uzak dur.

İç huzuru, gerçek dostla sahte dostu ayırabileceğin en sağlam duygudur. Çünkü "iç huzursuzluğu" duyguların "sigortasıdır." Gerçek dostlar insana, mutluluğun yanında, iç huzuru verir.

Dost seçmesini bilmeyenin, "keşkesi, ah vahı" bol olur. Kimi arkadaş vardır; kişiyi ölümün eşiğinden kurtarır; kimisi de ölümün eşiğine bırakır. Ulu bilge Tebrizli Şems ne güzel söylemiş; "Biri gelir seni sen eder, biri gelir seni senden eder."

Unutma; güvenine layık olmayan, sevgine de layık değildir.
Güven sevgiden önce gelir...
Güvenmeden sevmek, dost olmak; üç günlüktür.
Güvenerek sevmek, dost olmak; ömürlük...
Güvenmeden sevmek, pişmanlıktır.
Kimi seveceğini, kime güveneceğini bilmemek de ahmaklık.

Çünkü bütün büyük hataların başı, budur. İnsan; yolunu, kendini, kimliğini ve değerini bundan dolayı kaybeder. Akıllı insan; sevgisini, değerini ve güvenini ancak bunlara layık olana verir.

Bir insana güvenmek için, o insanın "gerçek değerlerini" bilmelisin... Çünkü insanların, bir gerçek değerleri, bir de "sözde, sahte değerleri" vardır. Sözde, herkes dürüsttür, adildir, anlayışlıdır, cömerttir, yardımseverdir, tutarlıdır, ahlaklıdır.

İnsanın gerçek değerlerini; sözü değil, davranışı gösterir.

Çaplı dostlarla birlikte olmak, insanı çoğaltır, artırır, geliştirir ve yeni ufuklar açar... Huzur bulursun onlarla... Çapsız insanlarla birlikte olmak da, insanı zihinsel olarak çoraklaştırır, ufkunu daraltır. O insanların ilgi alanları, basitleşir, düşünceleri sığlaşır, gündemi magazinleşir; konuşmaları dedikodu seviyesine iner, duyguları arabeskleşir ve hayatın anlam düzeyi düşer...

Onun için, bizi soylu ve onurlu duygu ve düşüncelerle tanıştıracak, çaplı dostlar arayıp bulmalı.

Seni ihtiyacı kadar seven kimsenin dostluğundan sakın. Çünkü onun ihtiyacı bitince, egosunu tatmin edince; sevgisi de, dostluğu da biter. Yola çıktıklarını, yolda bulduklarına değişen karakter yoksunları işte bunlardır.

Nasıl bir insan olmak istiyorsan, o kalitede ve özellikte insanla dost ol. Çünkü arifle oturan, arif kalkar. Cahille oturan, cahil.

Son söz; "Bazı insanlar, bazı insanlara şifadır. Allah şifanızı versin..." Muhyiddin Şekur (Allah ondan razı olsun)

Kalpleri Allah sevgisiyle
dolan iki arkadaş,
birbirini yıkayan iki el
gibidir. Tek el kendisinin
her tarafını yıkayamaz
ama iki el birbirinin her
tarafını gayet güzel yıkar.

و

DOSTLUK ÜZERİNE

Temiz kişilerin muhabbetini canının ortasına yerleştir;
gönlü hoş olanlardan başkasına gönül verme.
(Mesnevi, 1/0723)

İnsan, gözden ibarettir. Geri kalanı bir deridir.
Göz de dostu gören göze derler.
(Mesnevi, 1/1406)

Dosta dostun zahmeti ağır gelir mi?
Zahmet içtir, huydur. Dostluksa onun derisine benzer.
(Mesnevi, 2/1459)

Bil ki bir akıl başka bir akılla birleşti mi
Kötü işe, kötü söze mâni olur.
(Mesnevi, 2/0020)

Ben bu çalışıp çabalama dünyasında
İyi huydan daha güzel bir ehliyet görmedim.
(Mesnevi, 2/0810)

و

Ahmağın dostluğu düşmanlıktan beterdir.
Ne suretler olursa olsun uzak tutulması gerekir.
(Mesnevi, 2/2015)

Muhatabın düşman bile olsa, yine de ihsan iyidir.
Çünkü iyilik yüzünden, düşman bile insana dost olur.
(Mesnevi, 2/2147)

İyi kişilerle dost olmayan, elbette kötü kişilerin
Yanında yer alır, onlara komşu olur.
(Mesnevi, 4/1636)

Allah'ın zatına and olsun ki,
Kötü yılan bile kötü arkadaştan yeğdir.
(Mesnevi, 5/2634)

Sen dost ol da sayısız dost gör;
Fakat dost olmazsan dostsuz, yardımsız kalakalırsın.
(Mesnevi, 6/0498)

Dost, yolda arkadır, sığınaktır.
İyice bakarsan görürsün ki yol,
Sevgiliden ibarettir.
(Mesnevi, 6/1591)

و

Neye sahip olmak
istediğin, neye
sahip olduğunu
asla unutturmasın.

و

KÜSMEK VE AFFETMEK

Küsmek de hayatın bir parçasıdır. Sevmek, mutlu olmak, kızmak, üzülmek gibi. Ama Müslümanın Müslümana üç günden fazla küs durması haramdır. Barışmak için ilk adımı atan Allah katında daha sevimlidir. O hâlde ilk adımı siz atın. Bu sorumluluk üzerinizden kalksın. Olumlu veya olumsuz sonuç alabilirsiniz. Allah için attığınız bu adımdan dolayı alacağınız her sonuç sizin için hayırlı olacaktır. Allah huzurunda çok olumlu sonuçlar alacağınız kesin. Barışacağınız kişinin size zarar vereceğini düşünüyorsanız; onunla iletişiminizi azaltın. Barışın ama çok da samimi olmayın.

Hazreti Yusuf Aleyhisselam'ı hatırlayın. Kardeşleri onu yapayalnız bir kuyunun içinde bıraktı. Asil Peygamber tüm kardeşlerini affetti. Çok sevdiği memleketi Mekke'den hicret etmek zorunda kalan Peygamberimizi (sallallahu aleyhi ve sellem) düşünün. Tüm Mekkelileri affetti. Büyük sevgi beslediği amcası Hz. Hamza'yı şehit edip işkence eden ve sonradan Müslüman olan sahabeyi affetti. Fakat ona mümkünse kendisiyle yüz yüze gelmek istemediğini söylemişti.

Bir hatası yüzünden sizden özür dileyen birisini affetmemek büyük vebaldir. Size karşı atılan bir adımı geri çevirmek büyük hatadır. Çünkü husumeti sürdürmek günahtır. Hatayı kabul edip özür dileme cesaretini göstermek de büyük erdemdir. Müslüman ahlâkıdır.

و

Allah için affederseniz; Allah sizi sever. Allah için affederseniz; Allah şerefinizi yükseltir. Allah için affederseniz Allah da sizi affeder. Biliyorum, affetmek çok zor bir olay. Fakat zor olduğu için bu kadar önemli ve değerli. Unutmayın, affetmek ne hataları görmezden gelmek ve kabullenmek ne de gururunuzu ayaklar altına almak demektir.

Affetmek kötülüğe kötülük, öfkeye şiddet, kine kin eklememektir.
Affetmek geçmişi silmez belki ama; öfkeyi, husumeti ve nefreti siler.
Affetmek kalbinizi kirlerden temizler.
Affeden insan güçlü ve saygındır.

Affetmeyi seven Allah'ım! Bizleri affet, kalbimizi kin ve nefretten arındır.

GÜZEL BİLGİLER

İyilikle kötülük bir olmaz. Kötülüğü en güzel şekilde sav. Bir de bakarsın ki, seninle arasında düşmanlık bulunan kimse sanki sıcak bir dost oluvermiş.
(Kur'an-ı Kerim, Fussilet Suresi, 41/34.)

Bir Müslüman'ın din kardeşine üç günden fazla küs durması, (ve bu şekilde) karşılaştıklarında birbirlerinden yüz çevirmeleri helâl olmaz. Bunların en hayırlısı, önce selam verendir.
(Hadis-i Şerif, Buhâri, İsti'zân, 9)

Allah bir zahmet
verirse ona sabret,
ona razı ol. Çünkü
dosttan gelen bela
sizi temizler. O'nun
bilgisi, sizin
tedbirlerinizden
üstündür.

Hz. Mevlânâ

و

NASIL KONUŞAYIM?

- Güzel sözlerle konuşun. *(Bakara Suresi, 83)*
- Doğru konuşun. *(Âl-i İmrân Suresi, 17)*
- Adaletli konuşun. *(En'âm Suresi, 152)*
- Nazikçe konuşun. *(İsrâ Suresi, 23)*
- Kibarca konuşun. *(İsrâ Suresi, 28)*
- Kızmadan konuşun. *(İsrâ Suresi, 53)*
- Yumuşak dille konuşun. *(Tâhâ Suresi, 44)*
- Yalansız konuşun. *(Hac Suresi, 30)*
- Faydalı konuşun. *(Mü'minûn Suresi, 3)*
- Dürüst konuşun. *(Ahzâb Suresi, 70)*

Sabır, gönül işidir.
Yalan, gönül
kapısının kilididir.

Hz. Mevlânâ

و

BİRBİRİMİZİN KIYMETİNİ BİLELİM

Hz. Mevlânâ'nın (Allah ondan razı olsun) şu sözü benim için her zaman ikaz olmuştur. "Gel de birbirimizin kıymetini bilelim. Çünkü ansızın ayrılacağız birbirimizden." Bu iki cümle bana ölümü hatırlattığı gibi çevremizdeki insanların değerini bilmemiz gerektiğini de hatırlatmıştır. Sözün inceliği, sadece değerini bilmenin yetmediği, zamanında değerini bilmemiz gerektiğini hatırlatmasındadır.

Kendimi sorguladığım zaman bu konuda ne kadar eksik olduğumu hissettim. Yakınımızda olan insanlar bizlere Allah'ın emanetidir. Bu emanete hakkıyla sahip çıkamadığımı fark ettim. Neye sahipsek onun kıymetini ona sahipken bilmeliyiz. Etrafımızda olan insanlar da kıymetini bilemediğimiz değerlerin en başında yer alıyor.

En son ne zaman bir yakınımızı mutlu ettik? Ne zaman annemize onu ne kadar çok sevdiğimizi söyledik? Ne zaman yakın dostumuza küçük bir hediye aldık? Oysa ne demişti Peygamberimiz (sallallahu aleyhi ve sellem):

"Biriniz kardeşini (Allah için) seviyorsa, ona sevdiğini söylesin."

Bu yazıyı okuduktan hemen sonra etrafımızda hangi yakınımız varsa ona "İyi ki benim yanımdasın. Sana sahip olduğum için şükürler olsun" de veya kimse yoksa telefon rehberinden bir yakınına mesaj gönder, üzme onu artık ve kıymetini bil. Göreceksin o da senin kıymetini daha çok bilecek. Göreceksin çok olumlu geri dönüşler alacaksın. Etrafında olan bütün insanlar için şükret çünkü çoğu insanın hayatında olmayan değerlere sahipsin.

و

Değerini bilmeyen insanları kaybet. Verdiğin sevginin karşılığını alamadığın insanları kaybet. Sözünde durmayan insanları kaybet. Sürekli yalan söyleyen insanları kaybet. Ama iyi niyetini asla kaybetme.

و

İSTİŞARE

"Bin bilsen de bir bilene danış" atasözünü duymayanımız kalmamıştır. Bir şeyi ne kadar çok iyi bilirsek bilelim, her zaman bizden daha iyi bilen birileri muhakkak vardır. Kur'an-ı Kerim'de, Yusuf Suresi 77. ayette yüce Rabbimiz (Onun şanı ne yücedir) şöyle buyuruyor:

"Her ilim sahibinin üstünde, daha iyi bilen vardır."

İstişare etmek Peygamber Efendimizin (sallallahu aleyhi ve sellem) sünnetidir; faziletli bir ibadettir. Etrafındaki samimi dostları ve eşleriyle sık sık istişareler yapan Peygamberimize göre; istişare eden pişman olmaz ve en doğru neticelere ulaşır. Hazreti Mevlânâ (Allah ondan razı olsun) bu konu ile ilgili ne güzel söylemiştir:

Danışmak, insana anlayış ve akıl verir; akıllar da akıllara yardım eder. (Mesnevi, 1/1043)

Doğru bir istişare en gelişmiş navigasyondur. Gideceğimiz yere selametle ulaştırır. Tehlikelerden korur. İşlerimize bereket getirir. İstişare etmek bizlere seçenekler sunar ve en iyi seçeneği seçmemize yardımcı olur. O hâlde bizler de karar alırken bir bilene danışmamız gerekir.

Tabii danışacağımız kişileri de iyi seçmemiz gerekir. İstişare edeceğimiz kişilerin işin ehli ve tecrübeli olması önemlidir. Aynı zamanda samimiyetine ve dürüstlüğüne inandığımız kişilerle istişare etmeliyiz. Birileri bizimle bir konu hakkında istişare etmek istediğinde ise tüm samimiyetimizle yardımcı olmamız gerekir.

İstişare etmek hem toplumsal olarak hem de bireysel olarak maddi ve manevi yönde gelişmemize katkı sağlar. Toplumda birlik ve beraberliğin sağlanmasına vesile olur. Daha sosyal bir yaşam sürmemiz için önemli rol oynar. İnsanlara değer verdiğimizi hissettirir ve böylece insanlar karşısında değerimizi arttırır. Kendimizi daha emin hissederiz ve iç huzurumuzu olumlu yönde etkiler. Peygamberimizin sünnetini ihya etmiş olur; Allah'ın sevgisini kazanırız. Kur'an-ı Kerim'de, Rabbimizin övgüsüne layık bir kul oluruz:

"Onların (Rablerine güvenip dayananlar) işleri, aralarında danışma ile olur." (Şûrâ Suresi, 38. Ayet)

Allah, tüm işlerimizi doğru istişarelerle doğru sonuçlara ulaştırsın.

Sabırlı kişinin
hareket ölçüsü
İslam'dır.

و

DOSTLARINIZI ZİYARET EDİN

İsveç'te yeni Müslüman olmuş bir arkadaşım var. Kendisiyle muhabbet etmek çok zevkli oluyor. Bir gün onunla sohbet ederken şu soruyu sormuştum:

"İslam'ın en çok nesini beğendin?"

Verdiği cevabı hiç unutmam:

"Bizim İsveçliler arasında hiç muhabbet yoktur; sizlerin birbirinizle muhabbetinize hayran kaldım. Bizde arkadaşlıklar çıkar üzerine kurulur. İslam'da arkadaşlığa önem verilir. Arkadaşını sevmek Allah'ın sevgisini kazandırır." demişti.

İslam'da arkadaşlığın önemi büyüktür. Bunun için arkadaşlığımızı canlı tutmalıyız; ziyaret ve davet etmeliyiz. Çünkü bu ziyaret ve davetler aynı zamanda Allah'ın rahmetine ve sevgisine vesile olur. Çünkü bu ziyaret ve davetler insanlar arasında sevginin yerleşmesine ve yaygınlaşmasına vesile olur. Peygamberimiz (sallallahu aleyhi ve sellem) dostlarını çok sık ziyaret ederdi ve bunun çok sevap olduğunu vurgulardı.

Bu konu ile ilgili olarak Hz. Mevlânâ (Allah ondan razı olsun) şöyle demiştir:

"Dostlarımızı sık sık ziyaret etmeliyiz. Çünkü üzerinde yürünmeyen yollar zamanla çalılık ve dikenlik olur."

Buluşulması
gereken orta yolu
bulabilmektir sabır.

و

ÖLÇÜLÜ SEVİN

Bir arkadaşımla muhabbet ederken bana şu soruyu sordu; "Kalbimizde en derin yaraları en sevdiklerimiz açıyor. Neden böyle oluyor? Neden en çok sevdiğimiz insanlar aynı zamanda bizleri en çok üzen insanlar oluyor?"

Ona Peygamber Efendimizin (sallallahu aleyhi ve sellem), "Sevdiğini ölçülü sev." sözünü hatırlattım ve şöyle dedim; "Gönlümüze en derin yaraları ölçüsüz sevgilerimizle aslında kendimiz açıyoruz."

Sizce de öyle değil mi? Ne çekiyorsak aşırılığımızdan dolayı çekiyoruz. Bu aşırılık gönlümüzü çok yoruyor. Ölçülü olmayan her şey bize zarar veriyor. Hele bu aşırılık insanlara karşı olan sevgimizdeyse, sonu olumsuzluk ve hayal kırıklığıyla sonuçlanıyor. O hâlde bütün söz ve davranışlarımızda gösterdiğimiz ölçüyü, sevgi ve nefretimizde de göstermeliyiz.

Peki sevgide ölçüyü nasıl sağlayabiliriz? Öncelikle şunu kendimize nasihat etmemiz gerekiyor: "Bizi yanlış işler yapmaya yönelten sevgi ölçüsüz bir sevgidir." Sevgili Peygamberimiz hadis-i şerifinde şöyle buyuruyor:

"Bir şeyi aşırı sevmen seni kör ve sağır eder."

Sevgide ölçüsüz olan bir insan, sevdiğinin hatalarını ve çirkin davranışlarını göremez/duyamaz hâle gelebilir. Hiçbir sevginin bizleri kör ve sağır etmesine izin vermeyeceğiz.

Bütün sevgilerin kaynağı Allah'tır. Sevgimizde ölçü, Rabbimizin rızası ve Peygamberimizin sünneti olmalıdır. Bu ölçünün dışına çıktığımız zaman kaybetmeye başlarız. Bu ölçüyü iyi bilmemiz gerekiyor. Sevgi çok kıymetli bir nimettir. Sevdiğimiz her şeyi Allah'ın bizlere ihsanı, hediyesi ve emaneti olduğunun bilinciyle seveceğiz. Bu bilinçle sevdiğimiz zaman tüm sevgilerimiz Allah'a karşı şükre dönüşür. Sevdiğin bir şeye karşılık Allah'a teşekkür ediyorsan senin sevgin ölçülü bir sevgidir.

Ölçülü bir sevgi istiyorsak doğru bir insan olmaya gayret göstermemiz gerekiyor. Doğru insan olmaya çalışırsak doğru insanlarla karşılaşma ihtimalimiz daha yüksektir. Doğru bir insan olmak kadar, doğru insanı sevmek de çok önemlidir. Ölçülü ve doğru bir şekilde sevdiğini iddia eden birisi, sevdiği insandan da ölçülü bir sevgi beklemelidir. Yani bize karşı duyulan ölçüsüz sevgilerden kendimizi korumamız gerekir. Sevdiğin insana ne kadar güvenebiliyorsun? Ölçülü bir sevginin temelinde güven yatar. Güvenimize layık olmayan, sevgimize de layık değildir.

Ölçüsüz bir sevgide bu dünyaya ait beklentiler ön plandadır. Ölçülü bir sevgideyse asıl maksat Allah rızasını kazanmaktır. "Amellerin en faziletlisi Allah için sevmek ve Allah için nefret etmektir." buyuruyor Peygamber Efendimiz. Allah için sevmek huzur verir. Allah için sevdiğini söyleyen birisinin, Allah rızası için sizi ne kadar meşgul ettiğine bir bakın. Zamanımızı ve inancımızı diri tutmak için ne kadar size eşlik ediyor? Samimi ve içten bir şekilde şunu söyleyebilen birisinin sevgisi dengelidir; "Dün yatsı namazına gelmedin. Her şey yolunda mı?" Hz. Mevlânâ bununla ilgili şöyle der:

Sevgi, acıları tatlıya çeker, tatlılaştırır. Çünkü sevgilerin aslı, doğru yola götürmedir.

Ölçülü sevmek sanattır. Her şeyin bir usulü olduğu gibi sevmenin de usulü vardır. O hâlde usulüne göre sevelim. Ölçüsüz sevgilerimizle kalbimizi bunaltacağımıza, ölçülü sevgilerimizle onu ferahlatalım. "Sevgi büyük bir nimettir" dedik; o hâlde sevgimizi israf etmeyelim. Böylelikle kendimizi olumsuzluklardan korumuş oluruz. Daha az hayal kırıklığı yaşamış oluruz. Kalbimize derin yaralar açılmasının önüne geçmiş oluruz. Ölçülü sevgi demek; sade sevgi demektir. Sade sevgilerde kendinizi bulacağınızı göreceksiniz. Sade olan her sevgi daha kıymetlidir. Sade olan her sevgi daha asaletlidir. Sade olan her sevgi daha evrenseldir. Ne güzel dua edermiş güzel Peygamberimiz; "Allah'ım, senden seni sevmeyi, seni seven kişiyi sevmeyi, senin sevgine ulaştıran ameli isterim." Âmin!

و

Bazı insanlara daha
derdini anlatmadan,
dermanını bulursun.
Gönlünde olanları
tercüme eder, seni
ayağa kaldırır. Bu
insanların kıymetini
bilmek gerekir.

DUA EDİYORUM AMA KABUL OLMUYOR

Dua, kapıyı çalmaktır.
Ama çaldığın her kapı her zaman iyiliğe açılmayabilir.
Allah bilir, sen bilemezsin.
Yanlış kapılar ardında felaketler olabilir.
Yanlış kapılardan girersen düşebilirsin.
Yanlış kapılardan girersen yolunu kaybedebilirsin.
Yanlış kapılar pişmanlıklara sebep olabilir.
Allah, merhametiyle, yanlış kapıları kapalı tutuyor.
Daha güzel kapılara yönelmene vesile oluyor.
Duan kabul olursa bir hayır, olmazsa bin hayır ara.
"Demek ki benim için hayırlı değilmiş" demesini bil.
En güzel kapı, Allah'ın rızasını isteme kapısıdır.
O kapıdan ayrılma.

GÜZEL BİLGİ

Sizden biriniz, 'Dua ettim de duam karşılık görmedi.' deyip acele etmediği müddetçe duası karşılık bulur.
(Hadis-i Şerif - Ebû Dâvûd, Vitr, 23)

و

Akıl ve sabır gidince
nefs-i emmare
(kötülüğü emreden
nefis) başkaldırır.
Seni emir kulu yapar,
sana kötülükler,
günahlar işletir.

Hz. Mevlânâ

و

DUA ÜZERİNE

Allah bize yardım etmek dilerse,
Bize yalvarıp yakarma meylini verir.
(Mesnevi, 1/0817)

Allah için ağlayan göz ne mübarektir!
O'nun aşkıyla yanıp kavrulan yürek ne mukaddestir!
(Mesnevi, 1/0818)

Kardeş, duadan ayrılma!
Kabul edilmiş, edilmemiş; bununla işin yok senin!
(Mesnevi, 2/0375)

Dertsiz dua soğuktur, bir işe yaramaz.
Dertli dua ve niyaz, gönülden, aşktan gelir.
(Mesnevi, 3/0204)

Ne zaman gökyüzüne bir nefes, bir dua
Gönderdin de ardından onun karşılığı gelmedi?
(Mesnevi, 4/2459)

Dua ederken O'na kırık bir gönülle el kaldır.
Allah'ın merhamet ve ihsanı, gönlü kırık kişiye doğru uçar.
(Mesnevi, 5/0493)

Mum gibi daima gözyaşı dökersen,
Onun gibi evi aydınlatmış olursun.
(Mesnevi, 6/1582)

و

Kardeşim! Herkes
âşık olamaz. Âşık
olmak isteyen kişiye
dert gerek, dert
nerede? Âşık olan
kişinin sabırlı olması,
aşkına sadık kalması
lazımdır. Böyle er
neredededir? Gerçek
aşk neredededir?

Hz. Mevlânâ

و

TÖVBE ÜZERİNE

Cennetin sekiz kapısından biri olan tövbe kapısı hep açıktır;
Diğerleri ise bazen açılır, bazen kapanır.
(Mesnevi, 4/2507)

Tövbesiz ömür, baştan başa can çekişmedir.
Hazır olan, kaçınılmayan ölüm, Allah'tan gafil olmaktır.
(Mesnevi, 5/0770)

(Tövbe edersen) Allah, kötülükleri ibadete çevirir;
Geçmişteki bütün suçların ibadet olur.
(Mesnevi, 5/2225)

Günahtan pişmanlık duymak, tövbedir.
(Hadis-i Şerif, İbn Hanbel, I, 446)

Günahından tövbe eden kimse,
Günahsız kimse gibidir.
(Hadis-i Şerif - İbn Mâce, Zühd, 30)

Bütün Ademoğulları günahkârdır,
Günahkârların en hayırlıları ise tövbe edenlerdir.
(Hadis-i Şerif - İbn Mâce, Zühd, 30)

Mümin bir günah işlediği zaman kalbinde siyah bir nokta belirir. Eğer o günahtan el çeker, Allah'tan affını dilerse, kalbi o siyah noktadan temizlenir. Eğer günaha devam ederse o siyahlık artar. İşte Kur'an'da geçen "günahın kalbi kaplaması" bu manadadır.
(Hadis'i Şerif - İbn Mâce; Zühd, 29)

و

Hayat, bir yanlışı
veya yanlış bir seçimi
düzeltmek için geçmişe
dönme fırsatı vermeyebilir.
Ama her yeni gün daha
akıllıca seçimler ve daha iyi
bir insan olabilme
fırsatı verir.

و

GÖKYÜZÜNÜ FARK ETMEK

Yer ne kadar büyük bir ihtiyaç ise gökyüzü de o kadar büyük bir ihtiyaçtır. Beyaz bulutların gülüşünü seyrettikçe içindeki bütün karamsarlıkları bırakırsın. Beş dakika ayır kendine ve gökyüzünü seyret; ruh hâlin değişir. Küçük bir çocuk gibi masumlaşırsın gökyüzünü izlerken. Bulutların aldıkları şekillere göre çocukça bir hevesle yakıştırmalar yapar; 'İşte kalbe benzeyen bir bulut' dersin içinden.

Bir de tonlarca yağmur taşıdığını düşün bu masum şekillerin. Toprağın hasretle beklediği rahmeti getirdiğini düşün. Yeryüzü ölü gibiyken, sararmış solmuşken, susuzluktan kırılıyorken gökten yetişen hayat suyunu düşün. Hem gölge olur sana bulutlar, hem de güneşin zararlı ışınları süzer.

Gökyüzünde kanat çırparak uçan kuşları hayal et. Gökyüzünde nasıl uçabildiklerini hiç düşündün mü? İtiraf et! Onlar kadar özgür olmak istemez miydin? Kuşlar gibi uçabilme yeteneğine sahip olsaydın, ilk nereye gitmek isterdin?

Allah'ın büyük bir nimeti olan geceyi düşün. Dinlenmemiz için bir vesile kılmış Rabbimiz. Sükûnete ihtiyaç duyan insanoğlunun kendisiyle yüzleşmesi için ne büyük bir fırsat. Binlerce yıldız belirmiş gökyüzünde. Hepsi ayrı ayrı tebessüm ediyor işte. Sahabelerine benzetmiş Peygamberimiz (sallallahu aleyhi ve sellem) onları. Onlara bakan yolunu bulur.

Namazın kıblesi Kâbe, duanın kıblesi gökyüzüdür. Ellerini kaldırırsın semaya. En çok o zaman dürüst olursun kendine karşı. En çok o zaman yakın hissedersin kendini Allah'a karşı. Gökte ve yerde olan her şey Allah'ı zikreder. Gökyüzünü seyrederken Allah'ı zikret.

Tefekkür ve dua vesilesidir, gökyüzü. Bu niyetle bakarsan gökyüzüne, sevaptır. Bu niyetle bakarsan imanın güçlenir. Gökyüzü hakkında yaz yaz bitmez güzel arkadaşım. Sana söylemek istediğim; lütfen gökyüzünü fark et. Ne büyük bir nimet olduğu hakkında sık sık düşün. Allah gönlünü gökyüzü gibi ferahlatsın.

GÜZEL BİLGİLER

Allah Resulü geceleri kalkar, dışarı çıkar, gökyüzüne bakarak, "Göklerin ve yerin yaratılmasında, gece ve gündüzün peş peşe gelmesinde akıl sahipleri için elbette ibretler vardır." ayetini okurdu. *(Müslim, Tahâret, 48)*

Gece ile gündüzün (uzayıp kısalarak) birbiri ardınca gelmesinde, Allah'ın göklerde ve yerde yarattığı şeylerde, (düşünen ve) Allah'a saygı duyup, emrine uygun yaşamak isteyen bir toplum için elbet (O'nun birliğine ve kudretine dair) nice ayetler (ibretler) vardır. *(Yunus Suresi, 6. Ayet)*

Görmediler mi, biz içinde dinlenmeleri için geceyi ve (çalışıp) görmeleri için de gündüzü yarattık. Hiç şüphesiz bunda, inanan bir toplum için elbette ibretler vardır.
(Neml Suresi, 86. Ayet)

و

Şeker gibi söz söylemek
istersen sabret, haris
olma, bu helvayı yeme!
Feraset sahiplerinin
iştahı sabradır, onlar
sabretmek isterler. Helva
ise çocukların istediği bir
şeydir. Sabreden göklerin
üstüne yükselir; helva
yiyense geriler, kalır!

Hz. Mevlânâ

و

SEHER VAKTİ...

Seher vaktinde uyanık olur gönlünde aşk olan.
Seher vaktinde Yâr ile baş başa kalır kul.
Seher vaktinde uyanık olanı sever Yaradan.
Seher vaktinde uykudan tatlıdır Allah'ı zikretmek.
Seher vaktinde uyumayan kul has kul olur.
Seher vaktinde yorgunluklar gider yüreğinden.
Seher vaktinde yapılan ibadetin tadı başkadır.
Seher vaktinde ruhunun sesini dinler insan.
Seher vaktinde tefekkür pencereleri açılır gönlünde.
Seher vaktinde içtenlikle yalvarabilirsin Yaradan'ına.
Seher vaktinde uzak olur insan dünyadan.
Seher vaktinde huzur yudumlar insan.
Seher vaktinde ikramlar vardır uyanık gönüllere.
Seher vaktinde dostun olur Yaradan.
Seher vaktinde nur ile dolar karanlık gönlün.
Seher vaktinde aradığını bulur arayan.
Seher vaktinde edilen dua kalbin zırhıdır.

و

Sabırsızlık keşke
demektir.
Keşkelerimiz ise kayıp
ve pişmanlığımızın
göstergesidir. Sabır,
keşkeleri bitirdiği için
zaferdir.

و

SORDUM SARI ÇİÇEĞE...

Çalışma masamı süslemesi için küçük canlı çiçekler aldım. Çok da güzel süslediler masamı. Her gün büyük bir titizlikle onlarla ilgilenmeye başladım. Genellikle bir şeyler okumaya, yazmaya veya çalışmaya başlamadan önce onların ihtiyaçlarıyla ilgilenmeye çalışırım.

Zaman geçtikçe onların bana samimi birer arkadaş olduklarını gördüm. Onlarla ilgilenirken aslında kendim için ne kadar faydalı bir iş yaptığımın farkına vardım. Zamanla sorumluluk bilincimin ve konsantrasyonumun arttığına; stres ve endişelerimin ise azaldığına şahit oldum. Onlarla sohbet bile etmeye başladım. Dokundum ve güzel kokularını içime çektim. Topraklarıyla vakit geçirmek; sakinlik ve huzur verirken, gönlümdeki karamsarlığı ve stresi yok ediyor.

Üstelik bana Rabbimi hatırlatıyorlar. Allah'ı tanımak ve bilmek isterseniz inceleyin bir çiçeği. Göreceksiniz o eşsiz sanatı. Allah'ın boyasından daha güzel boyası olan kimdir? Allah'ın güzel isimlerinin o çiçekte tecelli ettiğini göreceksiniz. Sübhânallâh! Ya Cemîl, Ya Müzeyyin, Ya Mukaddir, Ya Munazzım, Ya Musavvir, Ya Alîm, Ya Hakîm, Ya Vedûd, Ya Ma'rûf, Ya Hannân, Yâ Rahîm...

Dostlarıma da tavsiye etmek istedim; evinizde canlı çiçekler olsun. Tabii ki hakkıyla ilgilenebilecekseniz. Eğer çalışmanıza engel olacaksa çalışma masanıza değil, odanızın bir köşesine; estetik ve zarafeti bozmadan onları yerleştirin. Onlarla ilgilenin. Onların canlı olduklarını hissedin. Size Allah'ı hatırlatsın onlar. Allah'ı zikrettiklerini düşünün. Bir an bile durmadan Allah'ı zikreder onlar. Eminim bu yüzden iç huzurumun artmasına vesile oldular. Bu yüzden onları 'gerçek arkadaşlar' listeme yazdım. Gerçek arkadaşlar; iç huzurunun artmasına vesile olur. Gönlünüz çiçekler gibi olsun!

و

Sabırsızlık,
kalbimizi
yıpratır.

و

SADELİK İMANDANDIR

Dört bir yanı endişe ile çevrili insanoğlunun; en büyük endişesi gösteriş oluverdi. Her sabah dışarıya çıkmadan önce üstümüze giyeceğimiz iki parça kıyafet için saatler harcıyoruz. Oturduğumuz evlerimiz, kullandığımız eşyalar, hatta duygularımız ve ibadetlerimiz gösteriş yüzünden değerini kaybediyor. Artık bir şeyi yapmaktan daha çok onu nasıl dışarıya gösterebiliriz kaygısındayız. Bu kaygı her şeyin özünü bozuyor; hem sahteliği hem de karmaşıklığı tetikliyor. Oysa insanoğlunun karmaşıklığa değil, sadeliğe ihtiyacı var. Kulluğa giden yol olan sadelik; en çok Müslümana yakışan bir özelliktir. Sadelik insana kul olduğunu fark ettirir.

Varlık içinde yaşamayı tercih etmeyip, kulluğu, yani sadeliği tercih eden Sevgili Peygamberimiz (sallallahu aleyhi ve sellem), "Sadelik imandandır!" buyuruyor. İnsanların en güzeli ve en sadesi olan Peygamberimizin hayatı; incelik ve tevazu üzerineydi. Hâl ve tavırlarıyla, sözleriyle, ibadetleriyle ve tüm tercihleriyle sadeliği yaşam tarzı haline getirmişti. Tebessümü bile sadeydi.

Şimdi oturduğunuz yerden etrafınıza göz gezdirin. Etrafınızda olan eşyaları seçerken nelere dikkat ediyorsunuz? Gördüklerinizin ne kadarına gerçekten ihtiyaç duyuyorsunuz? Ne kadarı birbiriyle uyumlu? Ne kadarı gerçekten iç dünyanızı yansıtıyor? Ne kadarı göz zevkinizi bozuyor? Bunlar hakkında hep beraber düşünmek gerekiyor. Bu konu hakkında gönül ehli Prof. Dr. Mahmud Es'ad Coşan Hocaefendi'nin şu tavsiyelerini çok beğeniyorum:

"Evlerimizde sadece akla uyan, işe yarayan, lüzumlu, faydalı eşyalar bulunsun; ölçülülük, sadelik ziynetimiz olsun, lüksten israftan kaçınalım. Mümkün oldukça yerli malı ve iç piyasa imali malzeme kullanalım."

و

Etrafımızda bulunan her fazlalık temiz bir zihinle düşünmemize engel oluyor. Tüm karmaşıklıklar iç huzurdan bizleri uzaklaştırıyor. Asıl vazifemiz olan kulluk vazifemizi unutturuyor. Kendimize en yakın olduğumuz hal olan sadelik, sağlıklı bir yaşam için önemlidir. Çünkü sadelik kalplerimizi stresten uzak tutar. O hâlde sadeliği ön plana çıkaran Peygamberimize benzemeye çalışalım. Düzenli bir hayatın anahtarı olan sadeliği yaşam tarzı haline getirelim. Etrafımızı ve içimizi sadeleştirelim.

Gösterişten kaçarak hayatımızı sadeleştirebiliriz. Aşırılıktan kaçarak hayatımızı sadeleştirebiliriz. Karmaşık olan şeyleri basite indirgeyerek hayatımızı sadeleştirebiliriz. İhtiyaç kadarıyla yetinerek hayatımızı sadeleştirebiliriz. Neyin israf, neyin gerçek ihtiyaç olduğunu ayırt ederek hayatımızı sadeleştirebiliriz. Sadece tüketmeyip üreterek hayatımızı sadeleştirebiliriz. Hayatımızı sadeleştirmek, iç huzurumuzu artıracaktır.

Sadelik yaratılışımızın ilk halidir.
Sadelik onaylandığımızı hissettiğimiz yerdir.
Sadelik yüklerimizden kurtulduğumuz evredir.
Sadelik bilinçli olmaktır.
Sadelik mutluluktur.
Sadelik dengeli olmaktır.
Sadelik endişeye karşı rahatlıktır.
Sadelik orta yoldur.
Sadelik alçakgönüllülüktür.
Sadelik gerçekliktir.

و

Gerçek sabır neyle
karşılaşırsak
karşılaşalım güzel
ahlak yolundan
sapmamaktır.

و

SOSYAL MEDYA KURALLARI

Hayatımızın önemli bir parçası haline gelen sosyal medya, hepimiz için vazgeçilmez bir iletişim kanalı haline geldi. Hâl böyleyken, sosyal medya ile yaşamayı öğrenmemiz ve gerekliliklerini sorgulayarak kullanmamız gerekir.

Bilinçli sosyal medya kullanımı hem yaşam kalitemizi artıracak hem de daha sonra oluşacak pişmanlıkların önüne geçecektir. Bilinçsizce yaptığımız paylaşımlar ve yorumlar ise hem kul hakkına girmemize hem de suç işlememize sebep olacaktır.

Bütün bu sebeplerden dolayı, "Sosyal medyada uyulması gereken kurallar" başlığıyla farkındalık oluşturmak istedim. İnşallah faydalı olacağını umuyorum. Sizler de bu kuralları zenginleştirerek çevrenizi bilinçlendirebilirsiniz.

و

O kuralları şöyle sıralayabiliriz:

- Bir şey yazmadan önce üzerinde düşünün. Daha sonra pişman olmaktan sizi kurtaracaktır.
- Gerçek hayatta insanların yüzüne söyleyemeyeceğiniz bir şeyi sosyal medyada da paylaşmayın.
- Başkalarının düşüncelerine saygı duyun, nefret ile yaklaşmayın. Pozitif yorumlar yazın, başkalarını rencide edecek sözleri terk edin. Birisini tehdit etmek veya baskı altına sokmaktan uzak durun.
- İzinsiz fotoğraf ve video çekimi yapmayın. Başkalarının hoşnut olmayacağı fotoğraf veya video eklemekten kaçının.
- Okuduğunuz haberlerde kaynak sorgulayın. Güvenilir bir kaynağı yoksa paylaşmayın. Yayılmasına sebep olmayın.
- Telif hakkı, kul hakkıdır. Başkalarına ait bir şeyi kendiniz üretmişsiniz gibi paylaşım yapmayın.
- Hiç tanımadığınız kişileri reklam amaçlı paylaşımlara/paylaşımlarınıza etiketlemeyin.
- Birbirlerini kaosa sürükleyip linç girişiminde bulunan bir grup görürseniz şikâyet edin.
- Kimseyi kandırmayın ve sahte hesap açmaktan sakının.
- Mesaj gönderdiğiniz kişiler cevap yazmıyorsa ısrarcı olmayın.
- Yakınınız bile olsa izni olmadan bir gruba eklemeyin.
- Paylaşım ve yorum yaparken Türkçemizi doğru kullanmaya özen gösterin.
- Sosyal medya hesaplarınızın kötü niyetli kişiler tarafından ele geçirilmesini önlemek için şifrenizi özenle seçin ve güvenlik tedbirlerine önem verin.

و

Sabır, hedeflerimize
ulaşmamızı sağlayan
sağlam bir binektir.

و

HER NEFESTE DÜNYA YENİLENİR

Her yeni gün yeni bir başlangıçtır. Her nefeste yeniden başladığının farkında olmalı insan. Ne güzel demiş Hz. Mevlânâ:

"Her nefeste dünya yenilenir. Fakat biz, dünyayı öylece durur gördüğümüzden bu yenilenmeden haberdar değiliz." (Mesnevi, 1/1144)

Yeniden başlayabilmemiz gerekiyor çoğu zaman. Yenilenmemiz gerekiyor. Yenilenemediğimiz zaman boğulup kalıyoruz derin sularda. Yaşadığımız her sevinç ve üzüntünün bizi yeni bir insan yaptığının farkına varamıyoruz. Hapsoluyoruz karanlık zindanlara.

Oysa kalbimizin ve içimizin yenilenmeye ihtiyacı var. Durduğumuz yerde sayamayız, ileriye doğru gitmemiz gerekiyor. Düştüğümüz yerden kalkmamız gerekiyor. Üzüntülere ve karamsarlıklara takılıp kalacak vaktimiz yok. Yeni ve tertemiz bir sayfa açmamız gerekiyor.

و

Testi içinde duran su ne kadar da temiz ve taze olursa olsun zamanla kötü kokmaya başlıyor, tadı acılaşıyor. Ama sürekli akıp giden bir akarsuyunun suyu öyle mi? O yüzden hareket berekettir, yenilik diriliştir.

Bazen bir sözdür yenilik, bazen bir adım, bazen yeni bir kitap, bazen affetmek, bazen bir fidan ekmek, bazen kendini sorgulamak, bazen de günahlarımıza tövbedir yenilik. Kul, hatalarından dolayı kalbinde pişmanlık duyduğu an başlar içindeki yenilik. Gönlünde en güzel kokulu çiçekler açmaya başlar. Hayatı değişir. Bu yenilik güzelliklere sebep olur. Zaten yaptığın yenilik güzel sonuçlara sebep oluyor, bir problemi çözüyorsa anlamlı bir yenilik oluyor. Anlamlı yenilikler için eskisini ve kendisini iyi bilmeli insan.

Hayatın her alanında yenilik mecburidir. O yüzden yenilikten korkma. Yeniden başlayabilen insan güçlüdür. Yeniden başlayabilen insan cesaretlidir. Yenilenmek, gönlümüze şifa; iç huzur sebebidir. Her yenilenme bir olgunlaşmadır. İnsan zamanla değil, içini ve fikirlerini yenileyerek olgunlaşır. Yeniliğe açık olan insan, yaşlansa bile düşünceleri genç kalır. Yeniliğe açık olan insan, kendine ve topluma faydalı olan insandır. Yeniliğe açık olan insan, çaresizlik ve karamsarlığa kapalıdır.

"İki günü eşit olan birisi ziyandadır" anlayışı, İslam dininin önemli bir düsturudur. O yüzden zamanımızı yenilik ve güzellikler içinde sürdürmemiz önemlidir. Unutmayalım! Allah yeniden başlayanların yardımcısıdır.

Allah'ım! Yıllarımızı, aylarımızı, haftalarımızı, günlerimizi ve saatlerimizi ziyan içerisinde geçirmekten sana sığınırız. Her anımızı, yenilik ve güzelliklerle bereketlendirmeni Sen'den isteriz. Ya Rabbi, Sen çok güzelsin.

و

Allah'ım! Benim amacım Sen'in rızanı kazanmaktır.
Ben, Sen'in rızanı her şeyden çok istiyorum.
Ben, her şeyden önce Sen'in rızana talibim.
Senin rızana aykırı ne varsa ondan uzak olmak istiyorum.
Allah'ım! Senden istediğim ve isteyeceğim şeyler
Senin rızandan uzaksa onu benden uzaklaştır.
Beni, Sana yakınlaştıracak işlere yönelt.
Beni, Sana yakınlaştıracak insanlarla tanıştır.
Senin razı olduğun yollardan ayırma Allah'ım.

و

KAYNAKÇA

- Feyzü'l Furkan Kur'an-ı Kerim ve Tefsirli Meali, Server Yayınları, Prof. Dr. Hasan Tahsin Feyizli, www.feyzulfurkan.com

- Hadislerle İslam, Diyanet İşleri Başkanlığı, hadislerleislam.diyanet.gov.tr

- Mahmud Es'ad Coşan Araştırma ve Eğitim Merkezi, www.mecmerkezi.org

- Sorularla İslamiyet, www.sorularlaislamiyet.com

- Mesnevi, Hz. Mevlana Celaleddin-i Rumi, Hazırlayan: Konya Büyükşehir Belediyesi, Konya Kültür A.Ş.

- Divan-ı Kebir: Seçmeceler, Hz. Mevlana Celaleddin-i Rumi, Hazırlayan: Şefik Can, Ötüken Yayınevi